W0463823

cocina VEGANA

VIRGINIA GARCÍA - LUCÍA MARTÍNEZ

CreatiVegan
cocina vegana creativa

OBERON

Diseño de cubierta y maqueta
Celia Antón Santos

Reservados todos los derechos. El contenido de esta obra está protegido por la Ley, que establece penas de prisión y/o multas, además de las correspondientes indemnizaciones por daños y perjuicios, para quienes reprodujeren, plagiaren, distribuyeren o comunicaren públicamente, en todo o en parte, una obra literaria, artística o científica, o su transformación, interpretación o ejecución artística fijada en cualquier tipo de soporte o comunicada a través de cualquier medio, sin la preceptiva autorización.

© Copyright de los textos: Virginia García y Lucía Martínez Argüelles

© Copyright de los textos del prólogo: Sharon Núñez

© Copyright de las fotografías: Virginia García, excepto en las páginas 2, 3, 6-7, 10-22, 24-25, 40-41, 62-63, 90-91, 128-129, 148-149, 178-179, 207:© 2003-2015 Shutterstock, Inc.

©EDICIONES OBERON (G. A.), 2016
Juan Ignacio Luca de Tena, 15. 28027 Madrid
Depósito legal: M. 33.207-2015
ISBN: 978-84-415-3762-0
Printed in Spain

A mi madre.

Virginia

A Marcos y a Mara. Y a los que vengan.

Lucía

Índice

Agradecimientos

A mis testers/catadores Anto, Adri, Adela y María, que me han ayudado mucho con sus críticas constructivas. A Koke por echarme un cable con títulos y recetas. A Irene y Laura, que siempre me alegran. A Lucía porque trabajar con ella es genial. A toda la gente que me escribe y visita el blog porque gracias a ellas/os siempre he seguido mejorando. A todas las personas que eligen un estilo de vida basado en el respeto a los animales.

Virginia

A los profesionales sanitarios que se esfuerzan por aprender a tratar pacientes vegetarianos en este país. A Luís Cabañas (Luka) por pensar títulos aunque no sirvan, a Aitor Sánchez (www.midietacojea.com) por las ideas para transmitir mejor la información nutricional y a Virginia porque ha sido la mejor compañera-de-libro que se podía tener.

Lucía

Prólogo

En agosto del 2007 me acercaba en coche, por una carretera vieja, a una granja de cerdos a las afueras de Madrid. Estaba muy nerviosa... aunque llevaba varios años defendiendo a los animales, nunca había estado en una granja industrial. En esta ocasión me dirigía a una para grabar lo que pasaba dentro y rescatar a seis animales.

Un año antes, mis compañeros Jose Valle, Javier Moreno y yo habíamos decidido fundar Igualdad Animal. Una organización que nacía con la misión de acabar con la crueldad hacia uno de los grupos más indefensos, los animales. Pero ese agosto del 2007 era un día especial que marcaba un antes y un después para nosotros. Ese día me confirmé en mi deseo de dedicar mi vida a defender a los animales.

Con cámaras de vídeo y la determinación de ayudar a los animales entramos en la granja a través de una pequeña ventana. Una vez dentro, lo primero que captó mi atención fue ver a decenas de cerdas encerradas en jaulas de hierro en las que no podían siquiera darse la vuelta. Sabía que estas jaulas eran habituales en la industria, pero ver la angustia y desesperación en los ojos de esos inocentes animales me afectó especialmente. "Convertir a estos animales en carne a cualquier precio, eso es lo único que le importa a la industria ganadera", pensé.

Al lado de cada jaula había pequeños cubículos con aproximadamente diez cerditos en cada uno. Jugaban y se movían incesantemente... Eran adorables. Una pequeña cerda con manchas negras captó mi atención. Era muy curiosa y parecía estar más angustiada que el resto de los cerditos de la granja.

Algunos bebés estaban tumbados entre sus propios excrementos sobre el frío suelo de piedra. En un principio pensé que estaban durmiendo. Tardé unos segundos en darme cuenta de que, en realidad, estaban muertos. "Estas inocentes criaturas no han sobrevivido siquiera unos días debido a las terribles condiciones en la granja", me dije a mí misma.

Jose sacó su cámara y empezó a grabar concienzudamente. Quería grabarlo todo... que más gente conociese lo que estaba pasando. Como muchos de los que luego vieron estas y otras imágenes nos preguntamos, "¿por qué nunca se habla de esto en los medios? ¿Por qué casi nadie lo ha visto?". Pareciera que la industria de la carne no quisiera que sepamos cómo tratan a los animales que nos comemos.

Tras grabar durante unos minutos, rescatamos a 6 cerditos. Una de las que salvamos fue la pequeña cerda que había captado mi atención minutos antes. No podía dejarla atrás. Los envolvimos en mantas y metimos en transportines para que estuviesen calientes y protegidos.

Ese día salvamos a esos inteligentes y sensibles animales de una vida de crueldad. Les evitamos una muerte brutal que hubiera ocurrido seis meses después de ese día. Ellos se convirtieron en los embajadores de los 53 millones de cerdos que mueren cada año en España. A día de hoy cientos de miles de personas han visto el vídeo de su rescate y han optado por eliminar la carne de su alimentación.

Vivimos en una sociedad compasiva, no tengo dudas de ello. A diario me emociono al ver lo mucho que la gente quiere y se preocupa por los animales. Nos indigna que se les haga daño. Muchos de nosotros vivimos con perros y gatos a los consideramos miembros de nuestras familias y comprendemos que sufren, que no quieren morir, que son inteligentes y que son capaces de querer al igual que nosotros los queremos a ellos. Es por esto que la industria ganadera no quiere que sepas lo que pasa en las granjas industriales y los mataderos, lugares donde la violencia hacia seres indefensos es la norma.

"Nunca dudes de que un pequeño grupo de ciudadanos concienciados pueda cambiar el mundo" dijo la antropóloga Margaret Mead. Yo creo que si se supiera la verdad, no sería un pequeño grupo de ciudadanos el que se movilizaría, sino que una gran parte de la población se opondría a las crueles prácticas de las industrias de la carne, los huevos y los lácteos por la crueldad a la que someten a los animales.

De hecho ya está pasando... millones de personas en todo el mundo están reduciendo su consumo de carne y sustituyéndola por deliciosos platos veganos. En Estados Unidos el consumo de carne se ha reducido considerablemente desde el 2007, y en España cada vez surgen más negocios e iniciativas vegetarianas y veganas.

Tengo el gusto de conocer a Virginia desde hace más de diez años. Siempre ha estado comprometida con la defensa de los animales y siempre ha sido una apasionada de la cocina. Virginia es una grandísima chef. La innovación y el detalle en la cocina son sus señas de identidad. He tenido la oportunidad de pasar largos ratos con ella aprendiendo a preparar platos deliciosos. Su web CreatiVegan.net es una de las mejores herramientas que existen en el mundo hispanohablante para ayudar a dar pasos hacia una alimentación vegetal.

Por ello, es un honor para mí hacer una introducción a este libro. Considero que es un elemento clave que faltaba en castellano. Sin duda, esta comprensible y deliciosa guía de recetas hará que miles de personas lleven su compasión hacia los animales a la práctica.

Así que te propongo un sencillo reto. ¿Te unes a mí a probar una receta nueva de este libro cada semana? ¡Ya me contarás!

Sharon Núñez
Fundadora de Igualdad Animal

¿Qué es "vegetariano"? ¿Qué es "vegano"?

A pesar de cada vez más personas se unen al movimiento vegetariano en todo el mundo, sigue existiendo un profundo desconocimiento sobre este tipo de alimentación y el estilo de vida que frecuentemente conlleva. La International Vegetarian Union define el vegetarianismo como una *"alimentación basada en alimentos de origen vegetal con o sin huevos, lácteos o miel"*. Es decir, no todas las personas vegetarianas siguen exactamente las mismas premisas a la hora de planificar su dieta. Dentro del vegetarianismo encontramos varias divisiones que intentaré resumir en esta tabla:

	HUEVOS	LÁCTEOS	MIEL	CARNE, PESCADO Y MARISCO	LANA, CUERO, SEDA, etc
Ovolacto-vegetarianos	SÍ	SÍ	¿?	NO	¿?
Lacto-vegetarianos	NO	SÍ	¿?	NO	¿?
Ovo-vegetarianos	SÍ	NO	¿?	NO	¿?
Vegetarianos estrictos	NO	NO	NO	NO	¿?
Veganos	NO	NO	NO	NO	NO

Las personas veganas son aquellas que no consumen ningún alimento de origen animal, es decir, llevan una dieta vegetariana estricta, y que además intentan ampliar esa actitud al resto de ámbitos de consumo como ropa y calzado, cosméticos y productos de limpieza, espectáculos de ocio, etc.

En España, según la encuesta ENIDE (Encuesta Nacional de Ingesta Dietética, 2011), un 1'5% de la población no consume carne ni pescado, por lo que la podríamos considerar como mínimo ovolactovegetariana. Ese porcentaje pasado a números absolutos nos daría una cifra aproximada de 700.000 personas. En países anglosajones, en cambio, es una opción mucho más extendida y normalizada.

Pero, ¿es saludable ser vegetariano?

En junio de 2003 se publicó en el *Journal of the American Dietetic Association* (antigua ADA, actual *Academy of Nutrition and Dietetics*, AND) el documento de posicionamiento oficial de dicha asociación y de la de Dietistas de Canadá sobre la dieta vegetariana, dejando muy claro que las dietas vegetarianas adecuadamente planificadas son plenamente respaldadas por esos organismos.

En julio de 2009, la ADA revisó y reafirmó la postura, y en noviembre del mismo año el Grupo de Revisión y Posicionamiento (GREP) de la Asociación Española de Dietistas-Nutricionistas (AEDN), actualmente extinto, tradujo el documento al español con autorización expresa de la ADA.

El resumen de ese documento es el siguiente:

La postura de la Asociación Americana de Dietética es que las dietas vegetarianas adecuadamente planificadas, incluidas las dietas totalmente vegetarianas o veganas, son saludables, nutricionalmente adecuadas, y pueden proporcionar beneficios para la salud en la prevención y en el tratamiento de ciertas enfermedades.

Las dietas vegetarianas bien planificadas son apropiadas para todas las etapas del ciclo vital, incluido el embarazo, la lactancia, la infancia, la niñez y la adolescencia, así como para los atletas.

American Dietetic Association. Position of the American Dietetic Association: Vegetarian Diets. J Am Diet Assoc.2009; 109:1266-1282.

También la *British Dietetic Association* (BDA) o la *Dietitians Association of Australia* (DAA) tienen textos y documentos que legitiman la aplicación de las dietas vegetarianas, así como consejos destinados a la población que sigue ese tipo de alimentación.

Por tanto, a día de hoy, cualquier profesional sanitario puede decir con buen respaldo científico que la alimentación vegetariana es adecuada y saludable en todas las etapas de la vida. Lo que debería entrar a discusión es cómo dar el mejor consejo dietético adaptándose a las particularidades de cada persona y al contexto cultural y medioambiental concreto, no la idoneidad del patrón dietético en sí.

En realidad, en el mundo occidental, donde la mayor parte de la población tiene acceso a gran variedad de alimentos, los principales problemas nutricionales a los que se enfrenta una persona vegetariana no distan demasiado de los que aquejan al resto de la población:

- Consumo excesivo de azúcares añadidos, sal y grasas de mala calidad en multitud de productos altamente procesados (calorías vacías): galletas, refrescos, precocinados...
- Consumo bajo de verduras, frutas y hortalizas.
- Sedentarismo.
- Desinformación o información sesgada por la industria alimentaria.

Una alimentación vegana, exactamente igual que una alimentación tradicional, no es saludable *per se*. Es perfectamente posible llevar una dieta vegana desastrosa con un alto consumo de dulces, cereales refinados, refrescos y productos procesados de baja calidad como son muchas de las hamburguesas vegetales o similares que hoy en día podemos encontrar en la mayoría de supermercados.

Así pues, sabiendo que la dieta vegana podría ser apropiada, y que en ningún caso se debería desalentar a aquellas personas que deciden seguirla, sí que es necesario ofrecer consejo para que lo hagan de manera saludable y adecuada, sin dejarse llevar por mitos sin sustento científico ni por los consejos sesgados de la industria que actúa siempre en su propio beneficio. Y siendo que en España ningún organismo relacionado con la alimentación o la salud ha incluido el patrón dietético vegetariano entre sus recomendaciones, creemos que es importante abrir este libro de cocina dando unas breves pinceladas acerca de cómo seguir una dieta vegana saludable en un contexto cultural y medioambiental como el nuestro.

“Alimentación vegetariana saludable”

Biodisponibilidad de nutrientes: remoja, tuesta, fermenta, cuece, germina

Una de las críticas que suele recibir la alimentación vegetariana y vegana es que el contenido en "antinutrientes" (ácido fítico y oxalatos) de algunos alimentos, como legumbres o cereales integrales, dificulta la absorción de otros compuestos, reduciendo su biodisponibilidad. La biodisponibilidad es la capacidad de un nutriente para ser aprovechado por nuestro organismo, un alimento puede ser rico en un nutriente cuya biodisponibilidad sea baja al estar acompañado de otros elementos.

Es el caso, por ejemplo, de las espinacas, verdura rica en oxalatos (también el cacao, el ruibarbo, el perejil o la remolacha), que son compuestos químicos que se unen a las moléculas de calcio formando complejos insolubles e inabsorbibles. Es por ello que las espinacas, a pesar de ser ricas en calcio, no son una buena fuente biodisponible porque a causa de los oxalatos que contienen solo se absorbe el 5% de este, que es una fracción muy pequeña. Pero no pasa nada, porque como veremos más adelante, sí que hay opciones vegetales ricas en calcio biodisponible como las crucíferas, las almendras, el tofu u otras hojas verdes.

Respecto a los cereales integrales y las legumbres, existen técnicas de cocina sencillas y habituales que mejoran la biodisponibilidad de sus nutrientes. El principal factor contra el que luchamos en este caso es el ácido fítico que se encuentra en la fibra de los cereales, en los frutos secos, en las legumbres y en la cascarilla de las semillas y que tiene una acción quelante de los minerales. Esto significa que los secuestra impidiendo su absorción porque los vuelve insolubles y los hace precipitar, por tanto esos minerales dejan de estar en condiciones de ser absorbidos y simplemente siguen su viaje por el tubo digestivo hasta ser expulsados en las heces.

Tanto la cocción, como el remojo, la fermentación, la germinación o el tostado (frutos secos), contribuyen a desactivar parte de ese ácido fítico, y además en nuestro sistema digestivo tenemos también microorganismos con esa función.

Por tanto, gestos tan habituales como dejar las legumbres a remojo la noche anterior, que seguramente todos hacemos, cumple una función más allá de simplemente disminuir el tiempo de cocción.

Podemos poner también como ejemplo el pan integral (integral de verdad), ya que habiendo sufrido por un lado una doble fermentación (las levaduras predigieren el ácido fítico), y por otro una cocción larga, la mayor parte de su ácido fítico ha sido desactivado y por tanto los nutrientes que contenga serán más biodisponibles que si con la misma harina hubiéramos cocinado, por ejemplo, una crêpe.

El remojo es otra de las técnicas que favorecen la desactivación del ácido fítico, lo podemos aplicar al arroz integral y otros granos que vayamos a comer cocidos, a los frutos secos crudos y por supuesto a las legumbres. La germinación consigue también resultados similares, y seguro que te suena haber visto bandejitas de germinados de alfalfa o de otras semillas en algún supermercado, así como los conocidos brotes de judía mungo, a los que solemos llamar habitualmente "brotes de soja".

Además debemos saber que el ácido fítico no es solo un antinutriente maligno que espera agazapado para robarnos nuestros minerales, sino que tiene también efectos beneficiosos ya que actúa como antioxidante.

¿Qué nos preocupa?

PROTEÍNAS

Aun a día de hoy el aporte proteico es la primera preocupación que se expresa respecto al patrón dietético vegano. Y estoy incluyendo aquí a los profesionales sanitarios.

Es extremadamente raro que una persona vegetariana con acceso a alimentos, es decir, que pueda cubrir sus necesidades energéticas con una alimentación mínimamente variada, sufra de desnutrición proteica. Por tanto no debería ser el principal foco de atención cuando queremos poner de relieve los aspectos en los que es más importante que la población vegetariana o vegana reciba consejo dietético. Aun así, es un tema recurrente en cualquier conversación sobre este tipo de alimentación, por lo que le voy a prestar atención e intentar despejar un poco las dudas:

La EFSA (Autoridad Europea de Seguridad Alimentaria) fija las necesidades proteicas de los adultos sanos en 0'83 g por kg de peso al día. Aunque hay quien sostiene que las personas veganas deberían aumentar ligeramente esa cantidad debido a que las proteínas vegetales tienen menor digestibilidad, no es una recomendación en firme y es probable que la misma indicación sea válida también para veganos. Cabe destacar que una dieta vegana variada supera fácilmente esa cantidad, igual que ocurre actualmente con un patrón omnívoro.

Otro comentario habitual respecto a las proteínas es la clasificación de las proteínas de origen vegetal como "incompletas". Y la recomendación de combinarlas entre sí para conseguir un aporte proteico de calidad. En realidad tal precaución es innecesaria, a pesar de que algunos alimentos vegetales no contienen en la misma medida todos los aminoácidos esenciales, que son las piezas que es obligatorio ingerir con la alimentación para que nuestro cuerpo pueda fabricar las proteínas que necesita, no es preciso que se consuman en la misma comida porque existe una pequeña reserva hepática de aminoácidos en la que se van "guardando" para ser utilizados a posteriori.

Además, a pesar de la fama de "incompletas" que tienen las proteínas vegetales, lo cierto es que no lo son tanto. No solo la soja tiene proteínas completas (con todos los aminoácidos esenciales en cantidades similares) como se cree, también el garbanzo, algunos tipos de alubias, los pistachos o la quinoa las tienen.

Si las personas veganas toman la precaución de consumir legumbres y derivados como el tofu o el tempeh con frecuencia, además de frutos secos y cereales integrales, el aporte proteico correcto estará asegurado.

HIERRO

A pesar de que el hierro es otro de los nutrientes que tradicionalmente se pone en entredicho cuando se habla de alimentación vegetariana o vegana, lo cierto es que la anemia ferropénica es igual de frecuente entre vegetarianos que entre no vegetarianos. De hecho sigue siendo el déficit nutricional más común en países desarrollados. Sí, en esos países cuyo consumo de carne es el más elevado del planeta.

Organismos como el *Institute of Medicine* de Estados Unidos aconsejan a las personas vegetarianas aumentar su ingesta de hierro hasta 1'8 veces por encima de las recomendaciones para población general. Eso nos deja en unas cifras casi imposibles de alcanzar sin suplementación, especialmente en mujeres en edad fértil. Lo cierto es que esas recomendaciones están basadas en unas condiciones que presentan el peor escenario posible: una dieta baja en vitamina C y rica en té y café, cuyos taninos dificultan la absorción del hierro. Por lo que parece poco sensato insistir en esa altísima cifra de ingesta de hierro, en lugar de dar consejos que mejoren la biodisponibilidad del mismo: para maximizar la absorción del hierro de las comidas, lo más importante es acompañarlas de una fuente de vitamina C (cualquier fruta o verdura), ya que de esta manera se consigue aumentar en gran medida la absorción del hierro de los vegetales, que es no-hemo o férrico, convirtiéndolo a su forma ferrosa o hemo que es la más fácil de absorber.

Así mismo es buena idea separar la toma de café o té de las comidas principales porque los taninos que contienen forman con este complejos insolubles que no se pueden absorber, lo mismo sucede con los suplementos de calcio.

¿No sabes qué alimentos vegetales son ricos en hierro? Las legumbres, los frutos secos o los cereales integrales remojados o germinados.

¿Qué nos debería preocupar?

VITAMINA B12

Seré directa: las personas veganas deben suplementar la vitamina B12. Es imprescindible, y no hacerlo es correr un riesgo absolutamente innecesario.

La B12 es una vitamina de la que solo son fuentes dietéticas biodisponibles los alimentos de origen animal. A pesar de que existen cantidades reseñables de B12 biodisponible en algunas algas como la nori fresca o en algunos tempeh, no podemos garantizar su aporte por esas vías, ya que ni en todas las nori, ni en todos los tempeh, tenemos esa presencia.

Otros alimentos de origen vegetal que a menudo son catalogados y recomendados como fuente adecuada de B12 (espirulina y otras algas, levadura de cerveza, setas...) contienen en realidad corrinoides o análogos de B12, es decir, compuestos similares pero que no son metabólicamente activos para el organismo humano. Además estos análogos pueden impedir la absorción de la B12 activa, ya que usan la misma vía de metabolización, y falsear una analítica, porque la determinación de B12 en sangre no distingue análogos de B12 activa.

Aunque el déficit habitual de vitamina B12 es el que cursa con anemia megaloblástica, en personas vegetarianas puede no suceder así, ya que ese tipo de anemia implica también un déficit de ácido fólico que es raro en vegetarianos puesto que su dieta suele ser abundante en dicho nutriente. Eso puede enmascarar el déficit de B12 durante un tiempo y presentarse directamente con síntomas neurológicos u otro tipo de problemas poco agradables. Es a todas luces un riesgo innecesario que en ningún caso deberíamos correr, y por supuesto es de vital importancia suplementar a los niños.

A día de hoy, la B12 contenida en los alimentos de origen animal de cría industrial proviene de la suplementación de los piensos con los que son alimentados, ya que al no poder pastar, no tienen la oportunidad de obtenerla del suelo. Así que, en un entorno industrializado, nos suplementamos casi todos, de manera directa o indirecta.

Los suplementos de B12 no son de origen animal, sino que proceden de cultivos bacterianos.

Y es bueno saber que no solo las personas veganas y vegetarianas deben suplementarse la B12. También deberían hacerlo las personas mayores de 50 años en muchos casos, así como aquellas que están a tratamiento crónico con protectores de estómago que inhiban el ácido clohorídrico, también llamados inhibidores de la bomba de protones.

CALCIO Y VITAMINA D

Es probable que si hacemos una pequeña encuesta preguntando a nuestros conocidos por alimentos ricos en calcio que no sean lácteos, se queden sin saber qué decir. Lo cierto es que en nuestro entorno gastronómico-cultural calcio es igual a lácteo, ningún otro nutriente tiene en nuestra cultura una dependencia tan grande de un solo grupo de alimentos. Esto lleva a menudo a pensar que los lácteos son un alimento imprescindible sin los cuales es imposible mantener una salud ósea adecuada.

Nada más lejos de la realidad: en muchas culturas no se consumen lácteos, o se hace de forma anecdótica, y su salud ósea no se ve resentida. Lo que sí es cierto es que si en nuestro entorno eliminamos los lácteos de repente de nuestra alimentación es importante conocer qué otros alimentos van a cubrir ese aporte de calcio, ya que un déficit sostenido en el tiempo puede tener consecuencias poco agradables como la temida osteoporosis y que es además muy difícil de revertir una vez está instaurada. Es por ello que la prevención resulta de vital importancia, sin olvidar que no es solo el aporte de calcio lo que va a garantizar que mantengamos unos huesos fuertes a lo largo de la vida. Igual de importante es mantener unos niveles adecuados de vitamina D, hacer ejercicio -ya que el hueso es un tejido vivo que también se fortalece especialmente con ejercicios de carga o fuerza-, llevar una alimentación baja en sal y con un adecuado aporte de magnesio y vitamina K. Por suerte muchos de los alimentos vegetales que son buena fuente de calcio, lo son también en estos dos últimos nutrientes.

Como hemos comentado antes, algunos alimentos ricos en calcio como la espinacas no son en realidad una buena opción por su baja biodisponibilidad, en este sentido nos ofrecen más ventajas nutricionales otras hojas verdes como las de col rizada, col china, pack choy, las hojas de rábano o nabo (grelos), la rúcula... así como el brócoli o la coliflor. Las almendras, el tofu (especialmente el cuajado con sales de calcio), la tahina o pasta de sésamo y las legumbres, sobretodo la soja y las alubias, son también alimentos vegetales ricos en calcio.

Actualmente, contamos además con la ventaja de poder acceder a multitud de bebidas vegetales enriquecidas en calcio, que además es habitual que, por motivos culturales, se tomen en el lugar en que tradicionalmente se tomaban los lácteos: en lugar de la leche en el desayuno, por ejemplo, por lo que el cambio resulta más cómodo si cabe. Eso sí, debemos procurar escogerlas sin azúcares añadidos y fijarnos en el etiquetado para asegurarnos de que realmente están enriquecidas en calcio.

Respecto a la vitamina D, cada vez hay más déficit de esta vitamina en población general. La exposición solar es imprescindible para una buena síntesis de la misma, y en la actualidad cada vez pasamos menos tiempo al sol y más tiempo bajo luz artificial en casa, en el trabajo o en medios de transporte. Es recomendable que existan unos 20 minutos de exposición solar diaria, sin protección, al menos en cara y brazos. Aun así, como precaución, no está de más revisar anualmente el estatus de vitamina D en una analítica, mejor en invierno que es cuando los depósitos están más bajos, y de ser necesario recurrir a la suplementación. Hay que tener en cuenta que la inmensa mayoría de suplementos de vitamina D3 (la vitamina lista para ser usada por nuestro cuerpo) no son veganos, aunque sí que existen algunos en el mercado que podemos encontrar en tiendas especializadas u online. Es importante informar al médico o al dietista-nutricionista que nos haya recomendado el suplemento para que valore si una de esas opciones veganas se adaptan en dosis a lo que nosotros necesitamos.

OMEGA 3

Los omega-3 son un tipo de ácido graso que existe tanto en los alimentos de origen vegetal como animal, aunque algunos tipos concretos de omega-3, como el EPA y el DHA, solo existen en los primeros, estando presentes principalmente en el pescado azul, en la carne de animales alimentados con pasto y en la leche materna.

En los alimentos de origen vegetal encontramos otro tipo de ácido graso omega-3, conocido como alfa-linolénico (ALA), presente sobre todo en las nueces, las semillas de lino, las semillas de chía y en algunas algas. Nuestro organismo es capaz de convertir el ALA en DHA, pero no lo hace de una manera demasiado eficiente, así que en general los valores de DHA en sangre son menores en los vegetarianos y veganos que en las personas que consumen habitualmente pescado.

Sin embargo, no se ha observado que este menor estatus de DHA tenga repercusiones en la salud, y es que desconocemos todavía cuáles son los rangos mínimos de este ácido graso que deberían estar presentes en nuestro organismo.

El consejo que a día de hoy se puede ofrecer a la población vegana, es que no parece que sea necesario recomendar la suplementación universal de DHA, como sí hacemos con la vitamina B12, porque sus menores niveles no presentan ninguna manifestación clínica. Aun así, aquellos que opten por tomar suplementos, tienen a su disposición en el mercado varias referencias veganas fabricadas a partir de microalgas, en lugar de aceite de pescado que es el ingrediente de los suplementos más comunes.

Como recomendación general puede decirse que es importante que exista un correcto aporte de ALA, el cual es muy fácil de obtener simplemente consumiendo por ejemplo un puñadito de nueces a diario, o una cucharadita de semillas de lino rotas o machacadas, ya que si las tomamos enteras es muy probable que salgan tal cual del tubo digestivo sin que hayamos podido acceder a los nutrientes que guardan en su interior. Además, es recomendable evitar que exista un consumo alto de ácidos grasos omega-6 ya que compiten por la vía de metabolización con el omega-3. La principal fuente de omega-6 son los aceites de semillas, por lo que es una buena idea que la principal fuente de grasa de la dieta sea el aceite de oliva virgen extra, o en su defecto en zonas del mundo donde no es un producto de consumo habitual, el aceite de colza o el de girasol alto oleico.

En resumen

¿Cuáles son las bases de una alimentación vegetariana saludable?

Si tuviera que hacer una lista de consejos sencillos, la mayoría de los cuales son aplicables no solo para vegetarianos y veganos, sino también para el resto de población, serían los siguientes:

Decálogo de la alimentación vegana saludable:

1. ***Bebe agua. Cualquier otra bebida debería ser de consumo ocasional.***
2. ***Come verduras, hortalizas y frutas. A diario, como base de tu dieta.***
3. ***Supleméntate la B12.***
4. ***Los cereales y derivados que consumas, que sean integrales.***
5. ***Cuida de que el aporte de grasas de tu dieta provenga de fuentes saludables: aceite de oliva virgen extra, frutos secos, aguacate, aceite de coco virgen o aceite de colza, o incluso girasol alto oleico (según tu lugar de residencia y la disponibilidad de dichos alimentos).***
6. ***Reduce el consumo de alimentos poco saludables, ricos en azúcar, sal y grasas de mala calidad, primando los alimentos frescos y sin lista de ingredientes por encima de los muy procesados, los que puedes comprar en el mercado.***
7. ***Intenta consumir una ración adecuada de un alimento rico en proteínas en cada comida principal.***
8. ***Recuerda mantener una ingesta diaria adecuada de omega 3 vegetal (ALA).***
9. ***No descuides el consumo de alimentos ricos en calcio biodisponible y la exposición solar.***
10. ***Dale a los bebés lactancia materna exclusiva, al menos los seis primeros meses de vida.***

Y además:

Practica actividad física de manera regular.
No fumes y bebe el mínimo alcohol posible, o ninguno en absoluto.
Sé feliz y controla el estrés.

Lucía Martínez Argüelles
Dietista-Nutricionista (Graduada en NHyD)
Grupo de Nutrición de la Unión Vegetariana Española
http://www.dimequecomes.com

CAPÍTULO 1

• Patés y untables

Labneh
(queso de yogur para untar)

Para 4-6 raciones | **Tiempo de preparación: 5 minutos +24 horas de reposo**

Ingredientes

400 g de yogur de soja natural sin azucarar

Una pizca de sal (aprox. 1/8 de cucharadita)

Unas gotas de zumo de limón (opcional)

Preparación

Escurre los yogures y ponlos dentro de una tela fina o muselina doble.

Ciérralo bien y déjalo escurrir durante al menos 24 horas en un lugar fresco y seco.

Abre la tela, ponlo en un bol y mézclalo con la sal y el zumo de limón.

Puedes usarlo tanto en preparaciones dulces como saladas. Para un sabor más fuerte, añade 1 cucharadita de miso.

Paté de lentejas y nueces

Para 8-10 raciones | **Tiempo de preparación: 15 minutos**

Ingredientes

1 taza de lentejas cocidas y escurridas

½ taza de nueces sin cáscara

2 chalotas o ½ cebolla

2 cucharadas de aceite de oliva

½ cucharadita de tomillo

½ cucharadita de hierbabuena

1 cucharada de vinagre balsámico de módena

2 cucharadas de salsa de soja

Una pizca de sal (al gusto)

Aprox. 200 ml de bebida de soja u otra bebida vegetal

Preparación

Pela las chalotas y pícalas finas.

Calienta el aceite en una sartén antiadherente a fuego medio. Añade las chalotas y las lentejas y saltéalas 2-3 minutos.

Pica las nueces y añádelas a la sartén, junto con el tomillo y hierbabuena. Saltéalo todo junto hasta que las lentejas se vean sueltas y secas (serán unos 4 minutos más).

Agrega el vinagre balsámico y la salsa de soja y mézclalo bien.

Apártalo del fuego y deja que se enfríe.

Bátelo todo junto con la batidora, añadiendo poco a poco bebida vegetal para conseguir la cremosidad y consistencia deseada. Pruébalo y rectifica de sal si fuese necesario.

Este paté está más bueno aún si lo dejamos reposar en la nevera al menos 1 hora antes de servirlo. Puedes añadirle también unas setas, champiñones o pimientos asados.

Dip de berenjena

Para 6-8 raciones | **Tiempo de preparación: 10 minutos**

Ingredientes

(Para 6-8 raciones)

1 berenjena grande asada

1 diente de ajo

2 yogures de soja sabor natural, sin azucarar

¼ de cucharadita de sal

3 cucharadas de zumo de limón

50 g de nueces

2 cucharadas de aceite de oliva

¼ de cucharadita de pimentón ahumado

Preparación

Pela la berenjena y ponla en la batidora junto con el diente de ajo, yogures, sal y limón. Bátelo todo junto hasta obtener una crema fina y pruébalo. Añade un poco más de sal si lo ves necesario.

Sírvelo con las nueces, aceite y pimentón por encima.

Puedes añadir más o menos yogur de soja, limón y sal, al gusto. También puedes añadir tahini, o especias como sumac, pimienta negra, orégano o sésamo tostado.

Muhammara

Para 6-8 raciones | **Tiempo de preparación: 10 minutos**

Ingredientes

1 berenjena grande asada

2 pimientos rojos grandes asados

1 cucharada de pasta o carne de pimiento choricero o de pimiento picante (opcional)

2 dientes de ajo

1 cucharada de aceite de oliva

½ taza de nueces peladas

Un trozo de pan del día anterior (unos 50 g)

1 cucharada de zumo de limón

¼ de cucharadita de cominos molidos

¼ de cucharadita de azúcar moreno (opcional)

Aceite de oliva y nueces picadas para servir

Preparación

Pela los pimientos y ponlos en la batidora con el resto de ingredientes. Bátelo todo junto hasta obtener una pasta untable (no importa si se ven los trocitos). Pruébalo y rectifica de sal si fuese necesario. Déjalo en la nevera al menos 30 minutos antes de servir.

Sírvelo con aceite de oliva y nueces picadas por encima.

Puedes hacer este mismo paté vegetal con pimientos frescos crudos. Prueba a añadirle unas pepitas de granada también.

Paté de tomates secos y garbanzos

Para 6-8 raciones | **Tiempo de preparación: 10 minutos**

Ingredientes

12 mitades de tomates secos (rehidratados en agua)

1 taza de garbanzos cocidos y escurridos

200 ml de bebida de soja sin azucarar y sin sabores

Aprox. ¼ de cucharadita de sal

3 cucharadas de zumo de limón

2 cucharadas de tahini blanco

1 diente de ajo sin nervio

Yogur de soja sin azucarar, aceite de oliva, aceitunas y pimentón para servir (opcional)

Preparación

Bate los garbanzos cocidos y los tomates secos hasta que se hagan una pasta. Agrega el resto de ingredientes y bátelo todo junto 2-3 minutos, hasta obtener un paté cremoso.

Sírvelo frío con yogur de soja, aceite de oliva, aceitunas y pimentón, y panes crujientes para acompañar.

Puedes probar a hacer este mismo paté con lentejas por ejemplo, y añadiendo otras especias y condimentos como nueces, anacardos, pasta de pimientos, etc.

• Dip de calabacín asado

• • • Para 6-8 raciones | **Tiempo de preparación: 30 minutos**

Ingredientes

1 calabacín mediano (unos 350 g)

Una pizca de sal

1 cucharada de miso marrón

2 cucharadas de tahini

1 cucharada de vinagre de arroz

3 cucharadas de pan rallado integral casero

Preparación

Precalienta el horno a 200 ºC con calor arriba y abajo.

Lava el calabacín, córtalo a lo ancho y cada mitad a lo largo. Pon los trozos boca arriba en una bandeja para horno, espolvorea con una pizca de sal y mételo al horno unos 20 minutos o hasta que esté tierno y ligeramente dorado.

Sácalo y deja que se enfríe.

Pela el calabacín y ponlo en la batidora con el resto de ingredientes. Bátelo todo junto 2-3 minutos, hasta obtener una crema espesa. Si lo quieres más denso puedes añadir un poco más de pan rallado.

Déjalo en la nevera al menos media hora antes de servir.

Sírvelo frío con panes crujientes para mojar.

Puedes usar este dip como salsa, para picar, etc. Si quieres hacerlo más denso puedes añadir más pan rallado, una patata cocida, etc. También puedes meterlo al horno en un molde, a 200 ºC, durante 20-25 minutos, hasta que la parte superior se dore.

Salsa de tomate casera

Para 6 personas | **Tiempo de preparación: 50 minutos**

Ingredientes

1 pimiento rojo grande (aprox. 380 g)

1 cebolla morada

2 dientes de ajo

3 cucharadas de aceite de oliva

6 tomates de pera maduros, pelados

¼ de cucharadita de sal

¼ de cucharadita de azúcar moreno o 1 cucharadita de vinagre de módena o 2 cucharadas de puré de manzana

¼ de cucharadita de albahaca

¼ de cucharadita de orégano

¼ de cucharadita de pimentón dulce

Preparación

Trocea el pimiento y descarta las semillas.

Pela la cebolla y trocéala en trozos grandes.

Pela los ajos y quita el nervio.

Bate con la batidora el pimiento, la cebolla y los ajos hasta obtener un puré fino homogéneo.

Calienta en una cacerola antiadherente el aceite de oliva a fuego medio-alto. Vierte el puré de pimientos y remuévelo bien.

Tápalo y deja que cueza 12-15 minutos.

Bate con la batidora los tomates junto con la sal y el azúcar. Agrégalo a la cacerola y mézclalo bien. Añade el resto de ingredientes y remuévelo.

Tápalo y deja que cueza 15 minutos a fuego medio.

Déjalo medio tapado 10 minutos más para que reduzca un poco la salsa.

Pruébala y añade un poco más de sal si lo ves necesario. Si quieres una salsa más líquida, añade un poco de agua y mézclalo bien.

Puedes ajustar esta receta a tu gusto, añadiendo otras especias, más tomate, concentrado de tomate, sin pimiento o con pimientos asados, etc.

¿Sabías que si cocinas la salsa de tomate en una sartén de hierro se transmiten partículas del mismo a la comida y son asimilables?

CAPÍTULO 2

• Cremas, purés y sopas

• Crema de zanahoria

• • • Para 4 personas | **Tiempo de preparación: 30 minutos**

Ingredientes

½ cebolla dulce grande (unos 150 g)

½ puerro (unos 75 g)

2 cucharadas de aceite de oliva

Un trocito de jengibre fresco (unos 10 g)

350 g de zanahorias

¼ de cucharadita de nuez moscada

¼ de cucharadita de sal

1 taza de bebida de almendras

Preparación

Calienta el aceite en una cacerola antiadherente a fuego medio-bajo.

Pica muy fina la cebolla y ponla en la cacerola. Tápalo y deja que se poche.

Pica fino el puerro y añádelo a la cacerola junto con la sal. Remuévelo y tápalo de nuevo.

Pela el jengibre y pícalo fino. Agrégalo a la cacerola.

Pela las zanahorias y córtalas en trozos medianos-pequeños. Añádelas a la cacerola junto con la nuez moscada y mézclalo todo.

Agrega 3 tazas de agua y ponlo a fuego fuerte. Cuando empiece a hervir ponlo a fuego medio, tapado, y deja que se cueza hasta que las zanahorias estén tiernas (15-20 minutos).

Pásalo al vaso de la batidora y bátelo 2-3 minutos, agregando poco a poco la bebida de almendras. Pruébalo y rectifica de sal si fuese necesario. Pásalo por un colador fino para una textura más suave.

Puedes añadir patata, boniato o nabo para hacer la crema más densa.

Sopa de hummus

Para 4 personas | **Tiempo de preparación: 15 minutos**

Ingredientes

400 g de garbanzos cocidos y escurridos

½ cucharadita de cominos molidos

2 dientes de ajo

2 cucharadas de tahini blanco

½ cucharadita de pimentón ahumado

¼ de cucharadita de sal

1 taza de agua

1 taza de bebida de soja o de almendras

¾ de taza de fideos finos

2 cucharadas de zumo de limón

1 cucharada de aceite de oliva

Preparación

Bate los garbanzos en la batidora junto con los cominos, ajo, tahini, sal, agua y bebida de soja hasta obtener una crema más bien líquida, sedosa y sin trocitos.

Pon la crema al fuego en una cacerola mediana y añade 1 taza más de agua. Cuando empiece a hervir añade los fideos y baja el fuego. Cuécelo hasta que los fideos estén tiernos.

Sírvelo caliente con limón y aceite de oliva por encima.

Prueba a hacer esta misma sopa con lentejas u otras legumbres que te gusten. Puedes añadir además calabacín, berenjena, etc.

Crema de lentejas rojas y boniato

Para 4 personas | **Tiempo de preparación: 30 minutos**

Ingredientes

½ cebolla morada

½ boniato grande (unos 220 g)

¼ de cucharadita de semillas de hinojo

1 cucharada de aceite de oliva

1 taza de lentejas rojas

1 hoja de laurel

½ pastilla de caldo de verduras

Una pizca de sal

200 ml de bebida de soja o de almendras (opcional)

Preparación

Pica la cebolla y póchala en una cacerola mediana a fuego medio, tapada.

Pela el boniato, córtalo en trozos pequeños y añádelo junto con las semillas de hinojo.

Lava las lentejas un par de veces.

Cuando se empiece a dorar el boniato añade las lentejas y mézclalo.

Agrega el caldo de verduras, una pizca de sal, la hoja de laurel y 5 tazas de agua. Ponlo a fuego fuerte.

Cuando empiece a hervir ponlo a fuego medio-bajo, medio tapado, hasta que el boniato esté tierno (18-20 minutos).

Bátelo todo junto con la batidora 2-3 minutos. Agrega la bebida vegetal y un poco más de sal si lo ves necesario.

Puedes servir esta crema fría o caliente, acompañada de brotes frescos crujientes.

Se puede variar esta crema de muchas formas, cambiando el boniato por zanahoria, añadiendo chalotas o puerro, o cambiando las especias por otras al gusto.

Crema de calabacín y puerro

Para 4 personas | **Tiempo de preparación:** 30 minutos

Ingredientes

1 puerro mediano (unos 150 g)

2 calabacines medianos (unos 650 g)

2 cucharadas de aceite de oliva

Una pizca de sal

¼ de pastilla de caldo de verduras

200 ml de bebida de soja o de almendras

Unos brotes de alfalfa o de cebolla

1 cucharada de levadura de cerveza para decorar

Preparación

Calienta en una cacerola mediana el aceite a fuego medio.

Pica fino el puerro y póchalo 5-6 minutos, tapado.

Pela los calabacines y córtalos en trocitos más bien pequeños. Añádelos a la cacerola junto con un poco de sal y remuévelo bien.

Póchalo todo junto 4-5 minutos, removiendo ocasionalmente.

Añade la pastilla de caldo y 2,5 tazas de agua y ponlo a fuego fuerte. Cuando empiece a hervir baja el fuego a lento-medio y deja que se cueza medio tapado hasta que el calabacín esté muy tierno (unos 12 minutos).

Apártalo del fuego y bátelo con la batidora hasta obtener una sopa cremosa. Añade la bebida de soja o de almendras y bátelo bien. Pruébalo y rectifica de sal si fuese necesario.

Sírvelo en boles o platos individuales con levadura de cerveza y brotes por encima. Puedes añadir también salsa de tomate, picatostes y albahaca fresca.

Para convertir esta crema en una vichyssoise solo tienes que añadir 500 g de patatas y media cebolla.

• Crema de champiñones con arroz salvaje

• • • Para 4 personas | **Tiempo de preparación: 30 minutos**

Ingredientes

½ cebolla dulce (unos 120 g)

250 g de champiñones frescos

1 patata pequeña (200 g)

¼ de cucharadita de sal

1 cucharada de aceite de oliva

¼ de cucharadita de trufa negra en láminas (opcional)

150 ml de vino blanco

½ taza de arroz salvaje o mezcla 200 ml de bebida de soja

Preparación

Pon en una cacerola al menos 3 tazas de agua a fuego fuerte. Cuando empiece a hervir añade el arroz y cuécelo según las instrucciones del paquete.

Pica muy fina la cebolla.

Calienta el aceite en una cacerola mediana a fuego medio y añade la cebolla. Deja que se poche tapada.

Pela la patata y córtala en dados medianos. Añádela a la cacerola.

Lava los champiñones y córtalos en trozos medianos. Añádelos también a la cacerola junto con la sal y la trufa. Mézclalo bien.

Agrega el vino blanco y deja que reduzca hasta que apenas quede caldo.

Añade 3 tazas de agua y deja que cueza, medio tapado, 20-25 minutos.

Cuando esté hecho el arroz escúrrelo y resérvalo.

Comprueba que las patatas del caldo están muy tiernas, apártalo del fuego y bátelo con la batidora 3-4 minutos junto con la bebida de soja hasta lograr una crema fina y ligera. Puedes añadir más agua o bebida de soja de ser necesario.

Mezcla la crema con el arroz y sírvelo.

Utiliza champiñones blancos o de sabores suaves, puedes mezclar los que quieras o añadir harina de boletus para un toque extra de sabor.

• *¿Sabías que en las recetas en las que se usa vino el alcohol que este contiene se evapora durante la cocción y no está presente en el plato una vez listo?*

• Sopa de miso

• • • Para 4 personas | Tiempo de preparación: 15 minutos + tiempos de reposo **Rico en hierro y calcio**

Ingredientes

Un trozo de alga kombu (unos 10 g)

6 setas shiitake deshidratadas

900 ml de agua

3 cucharadas de algas wakame deshidratadas

8 trozos de aburaage (tofu frito) (opcional)

300 g de tofu duro

4 cucharadas de miso (claro, oscuro, el que quieras)

3 cebollas de primavera

2 cucharaditas de sésamo tostado

Preparación

Lava el alga kombu y ponla en una cacerola junto con las setas shiitake y el agua. Déjalo reposar al menos 15 minutos.

Pon la cacerola a fuego fuerte y cuando empiece a hervir baja el fuego a medio-bajo. Deja que hierva 3-4 minutos y saca el alga y las setas.

Añade al caldo el aburaage, algas wakame y tofu y deja que cueza un par de minutos.

Corta las setas shiitake por la mitad y pica finas las cebollas de primavera. Añade al caldo las setas y la parte blanca de las cebollas de primavera.

Pon el miso en un colador o en un cacito y disuélvelo en el caldo con ayuda de una cucharita o una espátula de silicona.

Remuévelo bien y deja que cueza 1 minuto más.

Agrega por último las partes verdes de las cebollas de primavera y apaga el fuego.

Sírvelo con las semillas de sésamo por encima.

• *¿Sabías que el miso es un alimento probiótico, es decir, que contiene bacterias vivas que son beneficiosas para nuestra flora intestinal? para aprovechar sus beneficios elige un miso sin pasteurizar y no permitas que hierva, ya que en ese caso las bacterias morirían. Añádelo siempre fuera del fuego.*

Crema de patata y macadamia

Para 4 personas | **Tiempo de preparación:** 25 minutos

Ingredientes

100 g de nueces macadamia peladas

400 g de patatas

½ puerro mediano (unos 75 g)

1 cucharada de aceite de oliva

Aprox. ¼ de cucharadita de sal

1,5 tazas de bebida de soja

Sumac o pimienta rosa

Pistachos o almendras molidas para decorar

Preparación

Deja en remojo las nueces al menos 2 horas.

Calienta el aceite en una cacerola antiadherente a fuego medio-bajo.

Pica fino el puerro y ponlo en la cacerola, tapado.

Deja que se poche 2-3 minutos.

Añade las nueces y mézclalo.

Pela las patatas y córtalas en dados pequeños. Añádelas a la cacerola junto con la sal.

Agrega suficiente agua para cubrirlo todo, tápalo y ponlo a fuego medio. Cuando empiece a hervir bájalo un poco y deja que se cueza todo junto hasta que las patatas estén muy tiernas (unos 20 minutos).

Apártalo del fuego y bátelo con la batidora, añadiendo poco a poco la bebida de soja.

Pruébalo y rectifica de sal si fuese necesario.

Para una crema más fina puedes colarla con un colador fino antes de servir.

Sírvelo con un poquito de sumac o pimienta rosa por encima y espolvorea con frutos secos molidos.

Prueba a hacer esta misma receta pero con otros frutos secos que te gusten, por ejemplo anacardos, almendras o nueces. También puedes añadir un poco de cada para conseguir otro sabor.

En lugar de patata puedes usar boniato, o una mezcla de ambos.

Crema de habitas y guisantes

Para 4 personas | **Tiempo de preparación: 25 minutos**

Ingredientes

½ taza de habitas baby frescas o congeladas

½ taza de guisantes frescos o congelados

300 g de patatas

1 cucharada de aceite de oliva

2 chalotas

½ chirivía mediana (unos 50 g)

Aprox. ¼ de cucharadita de sal

1,5 tazas de bebida de soja

2 cucharadas de perejil fresco

4 cucharadas de nata de coco para servir (opcional)

Preparación

Pon en una cacerola antiadherente el aceite a fuego medio.

Pica finas las chalotas y póchalas a fuego medio, tapado.

Pica también fina la chirivía y añádela.

Pela las patatas y córtalas en trozos medianos-pequeños. Añádelos a la cacerola y remuévelo bien.

Agrega las habitas y los guisantes junto con la sal y suficiente agua para cubrirlo todo. Tápalo y ponlo a fuego fuerte.

Cuando entre en ebullición bájalo a fuego medio-bajo y deja que se cueza unos 20 minutos, hasta que todos los ingredientes estén tiernos.

Retíralo del fuego y bátelo con la batidora 2-3 minutos, agregando la bebida de soja y el perejil. Pruébalo y añade un poco más de sal si fuese necesario.

Se puede servir caliente o frío con la nata de coco por encima.

Si quieres, en lugar de hacer la crema con habitas, puedes saltearlas a fuego fuerte con una pizca de sal, tomillo y ajo y servirlas junto con la crema de guisantes. Y si no quieres guisantes, prueba con otra legumbre: edamame (soja verde (inmadura)), lentejas peladas, lentejas rojas, judías mungo, etc.

Sopa de tomate y maíz

Para 4 personas | **Tiempo de preparación: 40 minutos**

Ingredientes

2 mazorcas de maíz cocidas

2 cucharadas de aceite de oliva

2 chalotas o ½ cebolla

2 patatas pequeñas (unos 220 g)

1 zanahoria

6 tomates de pera maduros

una pizca de sal

1 cucharadita de orégano

½ pastilla de caldo de verduras

2 hojas de laurel

Preparación

Calienta 1 cucharada de aceite en una sartén a fuego medio-alto. Pon las mazorcas y dóralas 4-5 minutos, moviéndolas de vez en cuando, hasta que se marquen.

Apártalas y deja que se enfríen.

Mientras, pica las chalotas o la cebolla y póchala en 1 cucharada de aceite en una cacerola mediana a fuego medio-bajo.

Pela las patatas y córtalas en daditos pequeños. Añádelas a la cacerola.

Pela la zanahoria, córtala también en daditos y añádela a la cacerola. Remuévelo bien y tápalo.

Pica los tomates y añádelos a la cacerola. Si quieres puedes rallar un par de ellos en lugar de cortarlos. Mézclalo bien.

Agrega una pizca de sal y el orégano y tápalo.

Saca los granos de maíz de la mazorca con un cuchillo (como si pelaras una piña) y añádelos a la cacerola junto con el laurel, caldo de verduras y 4 tazas de agua.

Remuévelo bien y ponlo a fuego fuerte.

Cuando empiece a hervir ponlo a fuego medio-bajo y deja que cueza destapado 15-17 minutos, hasta que las patatas estén tiernas.

Sírvelo caliente salpicado de cilantro o perejil fresco picado. Puedes añadir también unos picatostes.

Minestrone

Para 4 personas | **Tiempo de preparación: 25 minutos**

Ingredientes

½ puerro mediano

½ calabacín mediano

2 cebollas de primavera o ajetes tiernos

2 tomates de pera maduros

¼ de coliflor mediana

1 taza de menestra congelada

½ taza de habitas tiernas (opcional)

1 taza de judías rojas o pintas cocidas y escurridas

1 taza de pasta para sopa o tiburones blancos o integrales

2 cucharadas de aceite de oliva

Una pizca de sal

½ pastilla de caldo de verduras

½ taza de salsa de tomate casera o tomate frito

1 hoja de laurel

Unas hojas de hierbabuena (opcional)

Preparación

Lava y corta el puerro en trozos medianos.

Lava y corta el calabacín en dados.

Corta en trozos medianos las cebollas de primavera (también partes verdes).

Deshaz la coliflor en floretes pequeños.

Calienta el aceite de oliva en una cacerola antiadherente mediana-grande a fuego medio.

Pocha el puerro un minuto y agrega el calabacín, las cebollas de primavera y la coliflor.

Corta los tomates en daditos y añádelos a la cacerola.

Añade la menestra, habitas y judías rojas y dóralo todo 2-3 minutos.

Añade la pasta, sal, caldo de verduras, salsa de tomate, laurel, hierbabuena y al menos 4 tazas de agua (lo suficiente para cubrirlo todo bien) y mézclalo.

Cuando entre en ebullición baja un poco el fuego y deja que se cueza medio tapado hasta que la pasta esté hecha (unos 10 minutos). Pruébalo y rectifica de sal si fuese necesario.

Sácalo y sírvelo caliente.

Puedes aprovechar para usar lo que tengas en la nevera: un trocito de nabo, de pimiento, unas judías que te hayan sobrado, etc.

CAPÍTULO 3

• Tapas y picoteo

Calabacines en vinagre

Para 4 personas | **Tiempo de preparación: 10 minutos + tiempos de reposo**

Ingredientes

2 calabacines medianos

¾ de taza de vinagre de manzana

¼ de taza de vinagre de arroz o vinagre de vino blanco

¼ de taza de agua

¼ de taza de aceite de oliva virgen

4 cucharadas de perejil fresco picado

3 dientes de ajo picados muy finos

1 cucharadita de sal

Preparación

Lava muy bien los calabacines, córtalos por la mitad a lo largo y después en tiras finas con un pelador de verduras.

En un recipiente con tapa mezcla los vinagres, agua, aceite, perejil, ajo y sal.

Sumerge las tiras de calabacín, ciérralo, agítalo y déjalo en la nevera al menos 4 horas antes de servir. Es preferible dejarlo de un día para otro, agitándolo alguna vez que nos acordemos.

Pruébalo y rectifica de sal y vinagre si fuese necesario.

Sírvelo frío como tapa o acompañamiento.

Puedes ajustar de vinagre y resto de condimentos a tu gusto.

Tortilla de patatas sin huevos

Para 4 personas | **Tiempo de preparación: 40 minutos + tiempos de reposo**

Ingredientes

500 g de patatas pequeñas

½ calabacín mediano (unos 125 g)

½ cebolla (opcional)

90 g de harina de garbanzos

15 g de almidón de maíz o de tapioca

3 cucharadas de vinagre de manzana

250 ml de agua

100 ml de bebida de soja

½ cucharadita de sal

2 cucharadas de aceite de oliva

Preparación

Pon a hervir abundante agua en una cacerola grande u olla.

Lava muy bien las patatas con un cepillito bajo el grifo y cuécelas 15-18 minutos o hasta que estén tiernas (puedes comprobarlo pinchándolas con una brocheta).

Escúrrelas y déjalas en un bol o cacerola con agua muy fría.

Puedes hacer el calabacín al vapor en trozos grandes 6-8 minutos o en la olla de las patatas (los últimos 5-6 minutos de cocción).

Pela el calabacín y córtalo en rodajas finas.

Si quieres hacer la tortilla con cebolla puedes cortarla en lonchitas finas y freírla a fuego medio 5-6 minutos, hasta que esté tierna y ligeramente dorada. Sácala y déjala reposar en un plato con papel de cocina absorbente.

En un bol o en el vaso de la batidora bate la harina de garbanzos con el almidón, vinagre, agua, bebida de soja y sal hasta obtener una crema más bien líquida y homogénea.

Pela las patatas y córtalas en rodajas no muy gruesas. No pasa nada si se rompen un poco.

Añade las patatas y el calabacín (y la cebolla si la usas) a la mezcla de harina de garbanzos y mézclalo bien.

Calienta 1 cucharada de aceite de oliva en una sartén mediana (22 cm de diámetro) antiadherente o en una sartén para tortillas a fuego medio.

Vierte la mezcla, extiéndela bien y tápalo. Deja que se haga a fuego medio-bajo unos 15 minutos, hasta que la superficie esté un poco seca y esté dorada por debajo.

Dale la vuelta con la otra sartén o con un volteador para tortillas. Pon 1 cucharada de aceite de oliva en la sartén. Tápalo y deja que se haga 8-10 minutos por el otro lado o hasta que se dore ligeramente.

Cuando esté hecha déjala reposar 5 minutos antes de servir.

Se puede servir caliente o fría.

Puedes hacer esta tortilla a la manera tradicional, friendo las patatas y la cebolla. Esta es una versión sin huevo y también más ligera, que queda igual de buena pero menos aceitosa.

Croquetas de verduras

Para 4 personas | Tiempo de preparación: 60 minutos + tiempos de reposo | **Rico en calcio**

Ingredientes

Para el relleno

¼ de calabacín

½ pimiento rojo italiano

½ pimiento verde italiano

¼ de puerro mediano

6 champiñones medianos

Aprox. ¼ de cucharadita de sal

2 cucharadas de aceite de oliva

¼ de cucharadita de orégano

¼ de cucharadita de tomillo

¼ de cucharadita de nuez moscada

4 cucharadas de harina de trigo integral

2,5 tazas de bebida de soja sin azucarar y sin sabores

1 cucharada de almidón de maíz (maicena) o de tapioca

Aceite de oliva o de girasol para freír

Para el empanado

1 taza y ½ de harina integral de trigo o de arroz

5 cucharadas de harina de garbanzos

2 cucharadas de vinagre de manzana

Una pizca de sal

¼ de cucharadita de ajo en polvo

2 tazas de pan rallado

Preparación

Calienta el aceite en una sartén grande a fuego medio-alto. Sofríe las verduras 6-7 minutos, hasta que se doren ligeramente, removiéndolas y salteándolas ocasionalmente, junto con la sal y especias.

Baja un poco el fuego y agrega la harina. Remuévelo bien. Añade poco a poco 2 tazas de bebida de soja. Disuelve el almidón en la otra media taza y añádelo también.

Remuévelo hasta que espese lo suficiente para formar una masa bastante densa. Pruébalo y añade más sal si fuera necesario.

Deja que se enfríe.

Para el empanado pon en un plato hondo o un recipiente rectangular la harina de trigo o de arroz.

En otro recipiente mezcla la harina de garbanzos, vinagre, sal y ajo con 200 ml de agua, hasta que quede una mezcla más bien líquida.

En un tercer recipiente pon el pan rallado.

Forma las croquetas con algo más de 1 cucharada de masa, a mano o con dos cucharas. Pásalas por la harina, luego por la mezcla líquida, de nuevo harina, otra vez mezcla líquida y finalmente pan rallado. Ve dejando las croquetas en un plato o bandeja.

Para hacerlas fritas

Calienta abundante aceite en una cacerola o sartén alta (al menos suficiente aceite como para cubrir las croquetas hasta la mitad) a fuego medio-alto (175 ºC).

Fríelas por tandas, las que quepan, 2-4 minutos, moviéndolas con cuidado de vez en cuando, hasta que el empanado esté dorado y crujiente. Sácalas a un plato con papel de cocina absorbente.

Para hacerlas al horno

Precalienta el horno a 200 ºC con calor arriba y abajo.

Colócalas en una bandeja para horno con papel para hornear, dejando un pequeño espacio entre sí. Puedes pulverizar por encima con aceite un par de veces.

Hornéalas a altura media a 200 ºC hasta que empiecen a dorarse.

Sírvelas calientes.

Puedes hacer las croquetas con las verduras que quieras, picándolas bien finas, o con setas, champiñones, etc. Y en lugar de harina de garbanzo puedes usar harina para rebozar sin huevo, harina de arroz + almidón de maíz, etc.

Una vez pasadas por el pan rallado puedes congelarlas y hacerlas cualquier otro día. Puedes doblar las cantidades y hacer suficientes para una temporada.

Empanadillas de ratatouille

Para unas 30 empanadas | **Tiempo de preparación: 30 minutos**

Ingredientes

Para la masa

100 g de harina de trigo integral

40 g de almidón de maíz (maicena) + ½ taza más para amasar

1 cucharada de aceite de oliva

Una pizca de sal

50 ml de vino blanco

60 ml de agua

+ Aceite de oliva o de girasol para freír (opcional)

Para el relleno

2 cucharadas de aceite de oliva

½ calabacín mediano (unos 175 g)

1 pimiento italiano rojo

3 tomates pelados

½ cebolla dulce o 2 cebollas de primavera

1 berenjena mediana

1 diente de ajo

Un poco menos de ¼ de cucharadita de sal

¼ de cucharadita de hierbas provenzales

Preparación

Mezcla la harina de trigo, el almidón de maíz y la sal. Agrega el aceite, vino y agua y mézclalo bien hasta formar una bola de masa. Tápalo con un trapo y déjalo reposar al menos media hora.

Mientras reposa la masa prepara el relleno.

Lava y pica todas las verduras en daditos pequeños. Quita el nervio del ajo y pícalo bien fino.

Calienta el aceite a fuego medio en una sartén mediana.

Pon primero la cebolla y el ajo. Cuando empiece a dorarse añade el resto de ingredientes y remuévelo bien. Baja el fuego, tápalo y deja que se haga hasta que todas las verduras estén muy tiernas, 15-18 minutos, removiendo ocasionalmente.

Apártalo y deja que se enfríe.

Saca la masa a una superficie espolvoreada con el almidón de maíz. Amásala unos minutos, hasta que esté más bien suave y poco quebradiza. Sigue espolvoreando con almidón para evitar que se pegue. Estira la masa hasta que tenga un grosor de unos 3 mm (fina) y espolvoréala con almidón de maíz. Corta círculos de masa para las empanadillas de 8-10 cm de diámetro. Pon 1 cucharada de ratatouille en el centro, dóblalo y sella los bordes con las púas de un tenedor. Puedes mojar los bordes interiores con un poco de agua para facilitar el cierre.

Amasa y estira de nuevo la masa sobrante y haz todas las obleas que puedas.

Fritas

Calienta abundante aceite en una cacerola mediana a fuego medio-alto (180 ºC). Fríe las empanadillas que quepan, por tandas, moviéndolas de vez en cuando, hasta que estén doradas (3-4 minutos). Sácalas a un plato con papel de cocina absorbente.

A la sartén

Hazlas igual que las gyozas, dejándolas más tiempo ya que la masa es un poco más gruesa.

Al horno

15-18 minutos a 200 ºC en una bandeja con papel para hornear. Puedes darles la vuelta tras 10 minutos.

Puedes añadir más verduras a estas empanadillas, como cebolla morada, cebolleta, ajetes, espárragos trigueros, col picada muy fina, etc., y hierbas como perejil fresco, menta fresca, etc. Prueba a rellenarlas de pisto, especialmente si te sobró de otra comida.

Patatas al grill especiadas

Para 4-6 personas | **Tiempo de preparación: 30 minutos**

Ingredientes

600 g de patatas nuevas o de tamaño pequeño variadas

1 cucharada de aceite de oliva

¼ de cucharadita de sal

1 cucharadita de romero

¼ de cucharadita de tomillo

Preparación

Pon a hervir abundante agua en una cacerola grande u olla.

Lava muy bien las patatas con un cepillito y ponlas en el agua. Cuando entre en ebullición baja el fuego a medio y deja que se cuezan 15-18 minutos o hasta que estén hechas (compruébalo clavándoles una brocheta).

Escurre las patatas y ponlas bajo el grifo con agua fría para que se templen.

Calienta una sartén grill a fuego medio-alto con ½ cucharada de aceite y extiéndelo con un trocito de papel de cocina.

Corta las patatas por la mitad o en cuartos y ponlas en la sartén por tandas (las que quepan). Deja que se marquen sin moverlas mucho. Espolvorea con la sal y las especias.

Sácalas y sírvelas calientes.

Estas patatas quedan muy bien como guarnición, pero también para picar o como tapa. Puedes servirlas con salsa brava, mojo picón o all i oli vegano.

Verduras rebozadas

Para 4 personas | **Tiempo de preparación: 20 minutos + tiempos de reposo**

Ingredientes

Para las verduras

½ coliflor mediana (unos 300 g)

1 pimiento rojo italiano

2 zanahorias

½ calabacín mediano (unos 150 g)

1 berenjena larga o 1 berenjena mediana

200 g de setas (gírgolas o setas de cardo)

Aceite de oliva o de girasol para freír

Para marinar y rebozar

¼ de cucharadita de sazonador de barbacoa

¼ de cucharadita de ajo en polvo

¼ de cucharadita de cebolla en polvo

Una pizca de pimienta negra molida

Un poco menos de 1/4 de cucharadita de nuez moscada

Un poco menos de 1/4 de cucharadita de sal

3 cucharadas de harina de trigo integral

4 cucharadas de harina para tempura (preferiblemente preparado japonés)

Preparación

Lava muy bien todas las verduras.

Deshaz la coliflor en floretes pequeños.

Corta el pimiento en trozos medianos.

Pela las zanahorias, córtalas por la mitad a lo largo y estos trozos en láminas diagonales no muy gruesas.

Corta el calabacín en bastoncitos no muy finos.

Corta la berenjena en rodajas.

Corta las setas en trozos medianos.

Ponlo todo en un bol y espolvorea con el sazonador de barbacoa, ajo, cebolla, pimienta, nuez moscada y sal y mézclalo muy bien.

Agrega 3 cucharadas de agua y mézclalo.

Añade la harina de trigo integral y mézclalo todo muy bien.

Déjalo reposar al menos media hora.

Una vez reposado añade ¼ de taza de agua y la harina para tempura y remueve muy bien todos los ingredientes hasta que estén cubiertos por una capita fina de rebozado. Si es necesario puedes añadir un poco más de agua y de preparado para tempura.

Calienta abundante aceite a fuego medio-alto en una cacerola alta o una freidora (a 175-180 ºC).

Ve haciendo las verduras por tandas, las que quepan sin amontonar mucho, 4-5 minutos, moviéndolas ocasionalmente, hasta que se doren.

Escúrrelas muy bien y pásalas a un plato con papel de cocina absorbente.

Sírvelo caliente o templado y acompáñalo con limón y salsas para mojar.

Es muy parecido a la tempura, solo que cubrimos un poco más las verduras, cortadas en trozos medianos en lugar de hacerlo en tiras, y usamos algunas especias para mejorar el sabor y el aroma en general.

Tortitas de calabacín y maíz

Para 16-20 tortitas | **Tiempo de preparación: 30 minutos + tiempos de reposo**

Ingredientes

1 calabacín grande (550 g)

3 cebollas de primavera o 1 cebolleta mediana con partes verdes

2 dientes de ajo

1 taza de maíz dulce (escurrido)

Aprox. ½ cucharadita de sal

1 cucharada de perejil fresco picado

¼ de cucharadita de hierbas provenzales

2 cucharadas de almidón de maíz (maicena) o de tapioca

4 cucharadas de harina de trigo integral

½ cucharadita de levadura de repostería

Aprox. 2 cucharadas de aceite de oliva para dorar las tortitas

Preparación

Lava el calabacín y rállalo con un rallador de agujeros grandes. Ponlo en un bol grande.

Lava las cebollas de primavera y pícalas muy finas. Mézclalas con el calabacín.

Añade la sal y mézclalo todo. Tápalo y deja que repose al menos 30 minutos.

Escurre el bol apretando bien para que salga todo el líquido posible.

Pela los ajos y pícalos bien finos. Añádelos al bol y mézclalo.

Agrega el resto de sal, maíz, perejil y hierbas y mézclalo bien. Puedes probarlo y añadir un poco más de sal si fuese necesario.

Agrega el almidón y mézclalo bien.

Añade la harina y levadura y mézclalo hasta obtener una pasta consistente.

Calienta una sartén mediana-grande a fuego medio. Pon unas gotas de aceite y extiéndelas por el fondo de la sartén con papel de cocina doblado.

Haz cada tortita dejando caer 2-3 cucharadas de masa y alisando la superficie. Haz las que quepan en la sartén. Procura que no sean muy gruesas. Tápalo y deja que se doren 2-3 minutos. Dales la vuelta y dóralas 2 minutos más por el otro lado.

Sácalas y ve apilándolas.

Sírvelas calientes o frías con salsas para acompañar.

Puedes añadir alguna otra verdura que te guste, picada bien fina, por ejemplo pimientos, cebolla, coliflor, etc.

Rollitos frescos

Para unos 20 rollitos | **Tiempo de preparación: 30 minutos**

Ingredientes

Un paquete de obleas de arroz para rollitos

1 pimiento rojo italiano

2 zanahorias medianas

1 aguacate grande

2 setas de cardo

4 cucharadas de remolacha rallada encurtida

1 taza de lombarda rallada o en tiras finas

12-14 mazorquitas de maíz

4-5 hojas de lechuga romana o mix de lechugas

1 taza de brotes de alfalfa, cebolla o rábano

1 taza de fideos de arroz finos

Preparación

Deja los fideos de arroz en remojo con agua templada.

Lava las verduras y córtalas en tiras muy finas o en juliana.

Corta el aguacate por la mitad, las mitades en tiras y estas en tiras más finas.

Corta las mazorquitas en cuartos a lo largo.

Pon la remolacha en un bol con papel de cocina absorbente.

Corta la lechuga en trozos medianos.

Pon una oblea en un plato llano.

Hidrata cada oblea con las manos, mojándolas en un bol con agua y pasándolas por toda la superficie por ambos lados.

Pon unas tiras de cada ingrediente, unas hojitas de lechuga, un puñadito de fideos y una pizca de brotes, enróllalo y ciérralo. Procura no poner demasiado relleno.

Haz lo mismo con el resto hasta que no queden ingredientes.

Se pueden comer conforme los vas haciendo o hacerlos todos y después servir.

Se pueden enrollar en hojas de lechuga romana u hojas grandes de espinacas en lugar de las obleas de arroz. Añade otras verduras a tu gusto, como encurtidos (kimchi, chucrut, pepinillos, etc), achicoria roja, rúcula, pepino, pimiento amarillo, col china, o frutas como manzana, mango o pera. También puedes poner semillas de sésamo y de lino.

Rollitos de col china con avena y frutos secos

Para unas 10-12 hojas de col | **Tiempo de preparación: 30 minutos + tiempos de reposo**

Ingredientes

10-12 hojas de col china

Una pizca de sal

2 cucharadas de aceite de oliva

2 cucharadas de pipas de girasol crudas y peladas

2 cucharadas de almendras laminadas crudas

3 cucharadas de nueces peladas y picadas

1 cucharadita de semillas de sésamo

1 taza de avena en copos

2 tazas de agua

¼ de pastilla de caldo de verduras

1 cucharada de salsa de soja

Una pizca de sal (al gusto)

Preparación

Pon a hervir abundante agua en una cacerola grande u olla con un poco de sal.

Separa y lava las hojas de col china y descarta las pencas duras.

Cuando el agua entre en ebullición fuerte sumerge las hojas de col china empezando por el tallo y deja que hiervan 1 minuto.

Sácalas y ponlas en un bol con agua muy fría.

En una cacerola mediana antiadherente calienta el aceite a fuego medio.

Tuesta un par de minutos los frutos secos y agrega la avena y salsa de soja. Mézclalo bien.

Añade el caldo de verduras y el agua. Cuando empiece a hervir baja un poco el fuego y remuévelo bien hasta que se forme una masa densa (serán 3-4 minutos). Apártalo del fuego y deja que se temple. Puedes probarlo y añadir una pizca más de sal si lo ves conveniente.

Pon aproximadamente 2 cucharadas del relleno de avena en el extremo del tallo de cada hoja de col y enróllalas, doblando los laterales hacia dentro para que no se salga el relleno.

Para cerrar los rollitos he blanqueado unos tallos verdes de cebolla de primavera 45 segundos en agua hirviendo y después los he pasado a un bol con agua muy fría. De esta manera quedan elásticos y permiten atarlos y anudarlos.

Sírvelos templados o calientes. Se pueden calentar al vapor o un minuto al microondas.

Puedes hacer estos rollitos con hojas de parra, de acelgas o grelos. Si los quieres frescos, usa hojas de lechuga romana. Puedes añadir más semillas al relleno u otros tipos de semillas (de amapola, de nigella, etc).

Brochetas de tempeh con barbacoa de tomate

Para 6-8 brochetas | Tiempo de preparación: 25 minutos | **+ Rico en proteínas**

Ingredientes

Para el tempeh

500 g de tempeh

1 cucharada de aceite de oliva

Para la salsa

1 cucharada de aceite de oliva

2 dientes de ajo

¼ de cucharadita de cominos

2 tomates maduros pelados

2 cucharadas de vinagre de arroz o de manzana

¼ de cucharadita de azúcar moreno

2 cucharadas de salsa de soja

1 cucharada de humo líquido (opcional)

½ taza de agua

1 cucharadita de almidón de maíz

Preparación

Corta los ajos en láminas y dóralos en el aceite junto con los cominos.

Añade los tomates y tritúralos con una espátula de madera mientras se hacen.

Agrega el vinagre, azúcar moreno y salsa de soja y mézclalo todo bien.

Mezcla el almidón con el agua y añádelo a la sartén, removiendo bien para mezclarlo. Añade el humo líquido y deja que espese todo un poco.

Apártalo del fuego.

Corta el seitán en daditos y ve insertándolo en brochetas pequeñas.

Pincélalo con el aceite de oliva y dóralo en una sartén o grill a fuego medio-alto.

Vierte por encima la salsa y mueve las brochetas para que se impregnen bien.

Retíralo del fuego para que no se queme y sírvelo.

Puedes hacer estas mismas brochetas con seitán, tofu y/o verduras a tu gusto.

Falafel (croquetas de garbanzos)

Para unos 35-40 falafel | **Tiempo de preparación: 30 minutos + tiempos de reposo**

Ingredientes

1 taza de garbanzos secos

½ cebolla dulce grande

3 dientes de ajo

1 taza de cilantro fresco (sin tallos)

1 taza de perejil fresco (sin tallos)

1 cucharadita de sal

¼ de cucharadita de comino en polvo

¼ de cucharadita de cominos enteros

¼ de cucharadita de semillas de cilantro machacadas

Una pizca de pimienta negra molida

¼ de cucharadita de bicarbonato

Aceite de oliva, de maíz o de girasol para freír

Preparación

Lava los garbanzos y ponlos en remojo con abundante agua durante al menos 6 horas.

Escurre muy bien los garbanzos y ponlos en la batidora con el resto de ingredientes (excepto el aceite). Bátelo todo junto hasta que no queden trozos grandes de garbanzos.

Calienta abundante aceite a fuego medio-alto (170 ºC).

Forma los falafel con un molde o tomando porciones del tamaño de una nuez y aplastándolas un poquito con las manos.

Mete todos los que quepan en el aceite y fríelos hasta que estén dorados y crujientes por fuera, dándoles la vuelta de vez en cuando.

Sácalos a un plato con papel de cocina absorbente.

Para hacerlos al horno:

Precalienta el horno a 200ºC con calor arriba y abajo.

Ve dejando los falafel que formes sobre una bandeja de horno con papel para hornear, dejando un pequeño espacio entre ellos. Puedes poner un poco de aceite con un atomizador.

Hornéalos 10 minutos, dales la vuelta y hazlos 5 minutos más o hasta que veas que se doren.

Sírvelos calientes.

Puedes congelar la masa de falafel o los falafel ya hechos para tener en cualquier momento. Van muy bien con ensaladas de lechuga y garbanzos, pan de pita, salsas con tahini, etc.

- *¿Sabías que no solo la soja tiene "proteínas completas" (presencia de todos los aminoácidos esenciales en cantidad suficiente), sino que los garbanzos también?*

Gyozas mediterráneas
(empanadillas a la plancha)

Para 50 empanadillas pequeñas o 25 medianas | **Tiempo de preparación: 45 minutos**

Ingredientes

Para las empanadillas

2 tazas de harina de trigo normal

¼ de cucharadita de sal

130 ml de agua

Aprox. ½ taza de almidón de maíz, de tapioca o de patata

Para el relleno

½ taza de soja texturizada fina

½ taza de espinacas frescas picadas muy finas

½ taza de lombarda picada muy fina

½ taza de calabacín picado muy fino

3 pimientos de padrón asados picados muy finos

1 diente de ajo picado muy fino

2 cucharadas tomate frito o salsa de tomate casera

2 cucharadas salsa de soja

1 cucharadita de perejil fresco picado

¼ de cucharadita de tomillo

¼ de cucharadita de orégano

⅛ de cucharadita de canela molida

una pizca de pimienta negra

¼ taza de agua

Preparación

Obleas

Mezcla la harina con la sal. Añade el agua y remuévelo muy bien. Amásalo a mano hasta formar una bola. Tápalo con un paño húmedo y déjalo reposar al menos media hora en un lugar fresco y seco.

Amasa la masa otros 5-6 minutos, hasta que la textura sea suave. Puedes añadir un poquito más de harina si fuesew necesario.

Espolvorea la superficie de trabajo y un rodillo con almidón y estira la masa hasta que quede fina (2-3 mm). Espolvorea con un poco más de almidón por encima.

Corta círculos de masa con un cortapastas o un aro de emplatar de unos 8 cm de diámetro. Espolvorea cada oblea con almidón y ve apilándolas.

Amasa de nuevo la masa que sobre y sigue cortando obleas.

Tápalas con film transparente hasta que las vayas a usar.

Relleno y montaje

Mezcla todos los ingredientes del relleno, alisa la superficie, tápalo y déjalo reposar en la nevera al menos 1 hora.

Monta las empanadillas poniendo en el centro un poco menos de 1 cucharada de relleno. Moja los bordes interiores con el dedo (con agua) para cerrarlas bien.

Calienta en una sartén grande ½ cucharada de aceite de oliva a fuego medio y extiéndela por todo el fondo con un trocito de papel de cocina doblado.

Coloca todas las empanadillas que quepan formando una espiral.

Deja que se doren 2-3 minutos, agrega ¼ de taza de agua y tápalo.

Se harán con el vapor del agua en 8-10 minutos.

Sácalas cuando veas que tienen aspecto brillante.

Repite la operación con las empanadillas que te queden.

Sírvelas calientes o templadas.

También puedes comprar las obleas ya hechas (obleas para empanadillas chinas).

Rollitos de brócoli cremosos

Para 10-12 rollitos | **Tiempo de preparación: 30 minutos + tiempos de reposo**

Ingredientes

10-12 obleas para rollito de primavera

250 g de brócoli (solo floretes)

1 cucharada de aceite de oliva

¼ de cucharadita de sal (aprox.)

¼ de cucharadita de tomillo

¼ de cucharadita de nuez moscada

2 cucharadas de harina de trigo integral

1 cucharada de almidón de maíz (maicena)

2,5 tazas de bebida de almendras (u otra bebida vegetal)

Preparación

Deshaz el brócoli en floretes y pícalo fino.

Calienta el aceite en una sartén antiadherente a fuego medio-alto. Pon el brócoli, un poco de sal, tomillo y nuez moscada y saltéalo todo junto 3-4 minutos, hasta que el brócoli se dore un poco.

Espolvorea por encima con la harina de trigo y saltéalo para mezclarlo bien.

Baja un poco el fuego y añade 2 tazas de bebida de almendras, removiendo bien para mezclarlo. Cuando empiece a hervir mezcla el almidón de maíz con el resto de la bebida vegetal, añádelo a la sartén y mézclalo muy bien.

Agrega un poco más de sal y deja que reduzca un poco, hasta que esté cremoso, removiendo de vez en cuando. Pruébalo y rectifica de sal si lo ves necesario. Apártalo del fuego y deja que se temple.

Estira la masa de rollitos y moja los bordes con agua (ten a mano un cuenquito con agua).

Pon en un extremo 2-2,5 cucharadas del brócoli cremoso, estirado, enróllalo y ciérralo procurando que quede terso y recto.

Una vez rellenados los rollitos puedes congelarlos.

Para hacerlos a la sartén calienta 2-3 cucharadas de aceite de oliva a fuego medio en una sartén grande antiadherente y haz los rollitos que quepan 3-4 minutos, moviéndolos frecuentemente para que se doren por todos lados. Sácalos a un plato con papel de cocina absorbente.

Para hacerlos al horno ponlos sobre una bandeja para horno con papel para hornear y hazlos 10-12 minutos a 190 ºC o hasta que veas que se doran.

Prueba a hacer estos mismos rollitos con otros ingredientes, por ejemplo champiñones, setas, verduras variadas o trocitos de salchichas veganas.

CAPÍTULO 4

• Comida rápida de preparar

Ensalada de berenjenas con miso

Para 4 personas | **Tiempo de preparación: 30 minutos + tiempos de reposo**

Ingredientes

Para las berenjenas

2 berenjenas grandes

Una pizca de sal

3 cucharadas de vinagre de manzana

1 cucharada de aceite de oliva

1 cucharadita de semillas de sésamo

Para la salsa de miso

2 cucharadas de miso (marrón claro u oscuro)

3 cucharadas de vinagre de arroz

1 cucharadita de aceite de sésamo

¾ de taza de agua

Para la ensalada

2 tazas de lechuga cortada o mix de lechugas

1 taza de canónigos y rúcula

10-12 tomatitos cherry

10-12 uvas moscatel

½ cebolla morada cortada en tiras

Preparación

Lava las berenjenas, córtalas en trozos medianos-grandes y déjalas en remojo con abundante agua, una pizca de sal y el vinagre al menos 20 minutos.

Escurre las berenjenas, lávalas y escúrrelas de nuevo.

Calienta el aceite en una sartén grande antiadherente a fuego medio y extiéndelo con un trocito de papel de cocina o con un pincel de repostería. Coloca todos los trozos de berenjena, tápalo y ponlo a fuego lento 10 minutos. Dales la vuelta, tápalas y hazlas 5 minutos más o hasta que estén tiernas y doradas.

Mezcla en un bol los ingredientes de la salsa de miso, procurando disolver bien el miso.

Sube el fuego de las berenjenas y vierte la salsa de miso. Muévelo para que se extienda bien. Deja que se doren con esta salsa hasta que empiece a estar melosa (3-4 minutos). Apártalo del fuego.

Pon en una fuente o ensaladera las lechugas, rúcula, canónigos, tomates, cebolla y uvas. Pon por encima las berenjenas con miso y espolvorea con el sésamo.

Sírvelo templado o frío.

Prueba a hacerlo con calabacines en lugar de berenjenas, que no necesitan remojo para evitar el sabor amargo, y será una receta más rápida.

Ensalada de pepino y calabacín con lentejas germinadas

Para 2 personas | **Tiempo de preparación: 10 minutos**

Ingredientes

Para la ensalada

1 pepino

1 taza de calabacín en vinagre, escurrido

1 taza de lentejas germinadas caseras

6-8 nueces peladas y picadas

½ taza de rúcula

3 mitades de tomates secos rehidratados en agua

1 rabanito pequeño

¼ de taza de maíz dulce

Para el aliño

1 cucharada de tahini

1 cucharada de zumo de limón

Una pizca de sal

Preparación

Corta los tomates secos en trozos medianos

Ralla el rabanito o córtalo en lonchitas muy finas.

Corta el pepino en tiras finas o en espiral y mézclalo con el resto de ingredientes.

Mezcla los ingredientes del aliño en un bol y viértelo por encima o sírvelo aparte.

Puedes germinar lentejas en casa dejándolas primero en remojo 8 horas y después en un recipiente tapado con una tela, solo húmedas, lavándolas con agua corriente un par de veces al día, hasta que germinen. Tardan 2-3 días, dependiendo de la temperatura ambiente.

¿Sabías que el remojo y el germinado o la cocción de las legumbres hace que sus nutrientes sean mucho más biodisponibles (los podamos absorber mejor)?

• Ensalada de patata con veganesa de aguacate y lima

• • • Para 4 personas | **Tiempo de preparación: 15 minutos**

Ingredientes

Para la veganesa de aguacate

½ aguacate grande y maduro

1 taza de bebida de soja

2 cucharadas de zumo de lima

Sal al gusto

Para la ensalada

3 tazas de patatas cocidas con piel y troceadas

1 manzana roja

2 zanahorias medianas

8-10 tomates cherry

2 tazas de espinacas frescas troceadas

1 taza de maíz dulce o mazorquitas de maíz

10-12 puntas de espárragos trigueros frescos

2 cucharadas de alcaparras

Pimienta negra

Preparación

Primero prepara la veganesa de aguacate. Pon en el vaso de la batidora el aguacate cortado en trozos, sal y el zumo de lima y bátelo.

Sin dejar de batir añade poco a poco la bebida de soja hasta que se forme la emulsión.

Pruébalo y rectifica de sal si fuese necesario.

Guárdalo en la nevera.

Para la ensalada lava muy bien las verduras.

Corta la manzana en daditos medianos-pequeños.

Pela las zanahorias y córtalas en tiras con el pelador de verduras.

Corta los tomatitos cherry en cuartos.

Mezcla todos los ingredientes y salpícalos con la pimienta negra.

Sírvelo con la veganesa de aguacate por encima o aparte.

Puedes hacerlo también con veganesa normal (sin el aguacate, añadiendo aceite de girasol) o hacer una salsa tártara añadiendo a la veganesa encurtidos picados finos.

• *¿Sabías que si comemos las patatas previamente enfriadas cambia su tipo de fibra y se convierte en prebiótica (almidón resistente)? Funciona incluso si luego las recalentamos.*

• Ensalada picante de pepino y algas

• • • Para 2 personas | **Tiempo de preparación: 5 minutos + tiempos de reposo**

Ingredientes

1 pepino mediano

5 g de algas wakame deshidratadas

Una pizca de sal

1 cucharada de vinagre de arroz o de manzana

1 cucharada de sriracha

1 cucharadita de salsa de soja

1 cucharadita de semillas de sésamo tostadas

Un trocito de tofu duro (unos 10 g) (opcional)

½ taza de rúcula

½ taza de canónigos

Cebollino o cebolla de primavera para servir

Preparación

Lava el pepino y córtalo en tiras o en rodajas no muy gruesas. Mézclalo en un bol con las algas, sal y vinagre. Pon otro bol más pequeño encima con algo de peso (por ejemplo un bote de garbanzos) y déjalo en la nevera al menos 1 hora.

Saca el pepino y escúrrelo, descartando el líquido. Añade el resto de ingredientes y mézclalo bien. Rectifica de sal si fuese necesario.

Sírvelo frío.

Puedes añadir más cosas a esta ensalada: zanahoria rallada, otros encurtidos (pepinillos por ejemplo), etc.

• *¿Sabías que las algas, aunque son muy ricas en nutrientes, pueden contener altas dosis de yodo llegando a perjudicarnos? Por eso, si no estamos acostumbrados a su consumo habitual es mejor comerlas solo de vez en cuando o usarlas más bien como condimento.*

• Ensalada de garbanzos, champiñones y rúcula

• • • Para 4 personas | **Tiempo de preparación: 25 minutos**

Ingredientes

175 g de champiñones

400 g de garbanzos cocidos y escurridos

1 cucharada de aceite de oliva

1 diente de ajo

¼ de cucharadita de tomillo

1 cucharada de vinagre balsámico de módena

1 cucharada de tomate frito o salsa de tomate casera

1 cucharadita de pimentón ahumado

Aprox. ¼ de cucharadita de sal

2 tazas de rúcula fresca

Preparación

Lava los champiñones, descarta los pies y córtalos en lonchitas finas.

Pela el ajo y córtalo en lonchitas finas.

Calienta el aceite en una sartén mediana-grande antiadherente a fuego medio-alto. Pon el ajo y cuando empiece a dorarse añade los champiñones. Saltéalo todo junto 3-4 minutos, hasta que los champiñones empiecen a dorarse.

Agrega el tomillo y los garbanzos y mézclalo todo bien. Saltéalo 5-6 minutos o hasta que los garbanzos empiecen a tostarse.

Vierte el vinagre, tomate y sal y mézclalo muy bien.

Apártalo del fuego y añade el pimentón. Deja que se enfríe.

Sírvelo en una fuente mezclado con la rúcula y acompañado de limón.

Si quieres una receta más rápida, simplemente mézclalo todo, no saltees los champiñones ni los garbanzos. Así tendrás una ensalada rápida y fresca.

Prueba a hacer esta misma ensalada con lentejas, con quinoa o con trigo tierno.

• *¿Sabías que si acompañamos los alimentos ricos en hierro con alimentos ricos en vitamina C aumentamos en gran medida su absorción? Como en esta ensalada de legumbres y verduras frescas.*

• Judías verdes con gremolata de nueces

• • • Para 2 personas | **Tiempo de preparación: 20 minutos**

Ingredientes

Para las judías

250 g de judías verdes francesas (finas)

Una pizca de sal

1 cucharada de aceite de oliva

Para la gremolata

La ralladura de 1 limón

3 cucharadas de perejil fresco picado

4 cucharadas de nueces picadas

Una pizca de sal

Preparación

Pon a hervir abundante agua con un poco de sal.

Cuando lleve 1 minuto hirviendo introduce las judías verdes y deja que hiervan 1 minuto.

Escúrrelas y pásalas a un bol con agua fría.

Para hacer la gremolata simplemente mezcla sus ingredientes y déjala en la nevera hasta el momento de usar.

Calienta el aceite en una sartén grill a fuego medio.

Pon las judías verdes y espolvorea con sal. Deja que se marquen y dales la vuelta o saltéalas 1 minuto más.

Sácalas y mézclalas con la gremolata antes de servir.

Este plato es muy sencillo y acompaña a cualquier comida. Puedes hacerlo también con coles de Bruselas cortadas en cuartos, espárragos verdes, tirabeques, etc.

• Pizza barbacoa

• • • Para 2 pizzas medianas finas | Tiempo de preparación: 40 minutos + tiempos de reposo | + + + **Rico en proteínas, hierro y calcio**

Ingredientes

1 masa de pizza (ver receta pizza de verduras)

1 taza de soja texturizada fina

2 cucharadas de aceite de oliva

¼ de cucharadita de semillas de comino

¼ de cucharadita de tomillo

¼ de cucharadita de salvia

Una pizca de pimienta negra

3 cucharadas de vinagre de arroz o de manzana

3 cucharadas de salsa de soja

1 cucharada de humo líquido

¼ de cucharadita de pimentón ahumado

1 cucharadita de sriracha o tabasco

1 cucharada de ketchup

2 cucharadas de tomate frito o salsa de tomate

1 cucharadita de almidón de maíz

½ taza de salsa de tomate casera

Unos tomates cherry

Preparación

Pon en una sartén antiadherente a fuego medio el aceite. Cuando esté caliente dora unos segundos las semillas de comino y agrega el tomillo, salvia, pimienta y soja texturizada fina. Mézclalo muy bien.

Añade el vinagre y remueve rápidamente.

Añade la salsa de soja y mézclalo bien.

Agrega 1 taza y ½ de agua, el humo líquido y el pimentón, remuévelo y deja que se cueza a fuego medio hasta que la soja texturizada esté tierna y se evapore toda el agua, removiendo ocasionalmente (5-7 minutos).

Agrega la sriracha, ketchup y tomate y mézclalo bien. Deja que se dore 2-3 minutos, removiendo de vez en cuando.

Disuelve el almidón en ½ taza de agua y añádelo a la sartén.

Remuévelo rápidamente y cuando espese un poco retíralo del fuego.

Precalienta el horno a 210 ºC con calor arriba y abajo.

Estira la masa de pizza y pon una fina capa de salsa de tomate.

Por encima pon la soja texturizada a la barbacoa y los tomatitos en rodajas o en mitades.

Mételo al horno a altura media a 210 ºC durante 12-14 minutos o hasta que la masa esté hecha y ligeramente dorada.

Si no tienes sriracha puedes añadir otra salsa picante al gusto: tabasco, sambal, mojo, pimienta, etc. También puedes omitirlo si no lo quieres picante.

Se puede añadir también queso vegano para fundir, de la variedad que queramos.

• *¿Sabías que la fermentación de los cereales integrales favorece la eliminación de antinutrientes como al ácido fítico y aumenta la biodisponibilidad de minerales como el calcio o el hierro?*

• Pizza de verduras

• • • Para 2 pizzas medianas finas | Tiempo de preparación: 30 minutos + tiempos de reposo **+ Rico en hierro**

Ingredientes

Para la masa

1 taza de harina de fuerza o harina integral

1 taza de harina de trigo normal + un poco más para amasar

1 cucharadita de levadura de panadería seca (o 4 g de levadura de panadería fresca)

¼ de cucharadita de sal

1 taza de agua templada

2 cucharadas de aceite de oliva

2 cucharadas de harina de maíz (opcional)

Para las verduras

Aprox. ½ taza de salsa de tomate casera

10-12 espárragos trigueros

¼ de calabacín mediano

½ cebolla morada

3-4 setas o champiñones

8-10 tomatitos cherry

¼ de cebolleta o 2 cebollas de primavera

1 cucharadita de orégano

Preparación

Mezcla la harina de fuerza con la harina normal, levadura y sal y agrega el agua, y aceite removiendo constantemente. Mézclalo bien hasta que no tenga grumos, tápalo y déjalo reposar en un lugar cálido hasta que haya triplicado su volumen y haya colapsado la superficie.

Lava las verduras y corta los calabacines y tomates en rodajitas finas, las setas en lonchitas, la cebolla en aritos finos y los espárragos en trozos de unos 4 cm.

Precalienta el horno a 210 ºC con calor arriba y abajo.

Espolvorea con harina la masa y la superficie de trabajo, sácala y amásala unos minutos, lo justo para poder darle forma. Divide la masa en 2 partes iguales. Estira cada una en forma de pizza y espolvorea la parte inferior con harina de maíz. Colócalas sobre moldes para pizza o una bandeja de horno.

Extiende la salsa por toda la base de las pizzas sin aplastarla y coloca por encima las verduras. Espolvorea con el orégano.

Mételo al horno, a altura media, a 210 ºC durante 10 minutos y después ponle calor solo por arriba 5 minutos más para dorar las verduras.

Sírvelo caliente.

Puedes añadirle por encima queso vegano para fundir, venden unas cuantas variedades. También se pueden usar otras verduras (brócoli, alcachofas, espárragos blancos, berenjenas, etc) y carnes vegetales como pepperoni vegano.

• Foccacia de olivas

• • • Para 6 personas | **Tiempo de preparación: 45 minutos + tiempos de reposo**

Ingredientes

325 g de harina de trigo normal + harina extra para amasar

260 ml de agua templada

4 g de levadura de panadería seca

½ cucharadita de sal

2 cucharadas de aceite de oliva

1/2 taza de aceitunas verdes y negras en rodajas

Aprox. 1 cucharadita de romero fresco

Aprox. ¼ de cucharadita de orégano

Preparación

Mezcla en un bol la harina con la sal y la levadura. Agrega el agua y el aceite y remuévelo hasta formar la masa. Tápalo y déjalo en un lugar cálido hasta que crezca más o menos 2,5 veces su volumen.

Desinfla la masa, tápala y déjala en la nevera al menos media hora.

Prepara una bandeja para horno con papel de hornear.

Espolvorea la masa por encima con harina y también la superficie de trabajo.

Saca la masa, amásala 2-3 minutos y dale forma rectangular, del tamaño de la bandeja de horno.

Ponla en la bandeja de horno y deja que repose, tapada, hasta que crezca casi el doble de su volumen.

Precalienta el horno a 210 ºC con calor arriba y abajo.

Hazle unas muescas con los dedos para evitar que crezca demasiado en el horno. Espolvorea con una pizca de sal, el romero y el orégano. Desperdiga las aceitunas por la masa.

Mete la foccacia al horno y pulverízala 3-4 veces con un pulverizador de agua.

Hornéala a 210 ºC 22-24 minutos, hasta que la masa empiece a dorarse.

Sácala y sírvela caliente.

Se puede hacer con harina de trigo integral añadiendo 50 ml más de agua.

Puedes rellenar la focaccia con más olivas. Pica media taza de aceitunas e incorpóralas a la masa una vez estirada. Dóblala sobre sí misma y estírala de nuevo para hacer la focaccia.

Se pueden añadir también tomates cherry, rodajitas de limón y hierbas por encima antes de meterla al horno.

Hamburguesas de judías negras

Para 6-8 hamburguesas | **Tiempo de preparación: 20 minutos**

Ingredientes

1,5 tazas de judías negras cocidas

2 chalotas o ½ cebolleta

1 diente de ajo

2 cucharadas de aceite de oliva

Una pizca de sal

½ taza de nueces

¼ de taza de pipas de calabaza

2 cucharadas de gluten de trigo

1 cucharada de harina de garbanzos

1 cucharadita de vinagre de módena

2 cucharadas de salsa de soja

1 cucharada de humo líquido

1 cucharada de perejil fresco picado

¼ de cucharadita de tomillo

¼ de cucharadita de salvia

100 ml de bebida de soja

2-3 cucharadas de aceite de oliva para hacer las hamburguesas

Preparación

Calienta el aceite de oliva a fuego medio en una sartén mediana antiadherente.

Pica finas las chalotas y el diente de ajo y añádelos a la sartén. Cuando empiece a dorarse el ajo agrega las judías negras y una pizca de sal y saltéalo.

Machaca un poco las nueces y las pipas y añádelos a la sartén.

Saltea de vez en cuando hasta que las judías estén doradas y sueltas.

Sácalo a un bol y deja que se temple o se enfríe por completo.

Agrega todas las especias y mézclalo bien.

Añade el vinagre de módena, salsa de soja y humo líquido y mézclalo.

Añade el gluten y la harina y mézclalo, añadiendo poco a poco la bebida de soja, hasta obtener una masa consistente y fácil de trabajar con las manos.

Forma las hamburguesas a mano o con un molde y hazlas a la plancha con una pizca de aceite de oliva a fuego medio unos 4 minutos por cada lado (dependerá de lo gruesas que las hagas).

Sírvelas acompañadas de ensalada y salsas.

Puedes hacer nuevas versiones de hamburguesas utilizando otras legumbres como lentejas, garbanzos o judías pintas. También puedes cambiar las especias al gusto y añadir más gluten de trigo si las quieres más carnosas y densas.

• Milanesas de avena y semillas al pesto de brócoli

• • • Para 10-12 milanesas | Tiempo de preparación: 30 minutos + tiempos de reposo

Ingredientes

Para las milanesas

1 cucharada de semillas de lino
1 cucharada de semillas de sésamo
1 cucharada de pipas de calabaza peladas
1 cucharada de pipas de girasol peladas
1 taza de avena en copos
½ pastilla de caldo de verduras
1 cucharadita de hierbabuena picada
1 cucharadita de tomillo
1 cucharada de humo líquido
Una pizca de sal
Aceite de oliva o de girasol para freír (opcional)

Para el empanado

2 tazas de pan rallado integral casero
1 taza de harina de trigo integral
5 cucharadas de harina de garbanzos
2 cucharadas de vinagre de manzana
⅛ de cucharadita de sal
1 taza de agua

Para el pesto de brócoli

300 g de brócoli (solo floretes)
2 dientes de ajo
½ taza de albahaca fresca
2 cucharadas de aceite de oliva
Aprox. ⅛ de cucharadita de sal

Preparación

Machaca ligeramente en un mortero las semillas de lino y sésamo. Añade las pipas y machácalo un poco más.

Mezcla en una cacerola antiadherente las semillas con la avena y las especias, añade un poco de sal, el caldo de verduras, el humo líquido y 2 tazas de agua y ponlo a hervir a fuego fuerte.

Cuando entre en ebullición baja un poco el fuego y remuévelo constantemente hasta que se forme una pasta difícil de remover y que se despega de la cacerola (serán 5-6 minutos).

Retíralo del fuego y deja que se enfríe.

Para hacer el pesto corta el brócoli en trozos medianos y hazlo al vapor a fuego medio-alto de 6 a 8 minutos, lo justo para que esté tierno.

Pon el brócoli en la batidora junto con el resto de ingredientes y bátelo todo junto hasta obtener una pasta con trocitos visibles. Pruébalo y rectifica de sal si fuese necesario. Déjalo en la nevera.

Divide la masa de las milanesas en 10-12 partes.

Prepara un plato hondo con la harina, otro con el pan rallado y en otro mezcla la harina de garbanzo, vinagre, sal y 1 taza de agua hasta obtener una mezcla más bien líquida.

Forma las milanesas tomando porciones de la masa y aplastándolas. Procura que no queden muy gruesas. Pásalas primero por la harina, después la mezcla de harina de garbanzo y por último el pan rallado.

A la sartén

Calienta un poco de aceite a fuego medio (lo suficiente para cubrir el fondo) y haz las milanesas 3-4 minutos por cada lado, hasta que estén doradas y crujientes por fuera. Sácalas a un plato con papel de cocina absorbente.

Al horno

Precalienta el horno a 200 ºC con calor arriba y abajo.

Coloca las milanesas en una bandeja para horno con papel para hornear. Puedes pulverizar con un poco de aceite.

Hornéalas 9-10 minutos, dales la vuelta y hornéalas otros 7-9 minutos más, hasta que veas que están doradas y crujientes.

Sírvelas calientes acompañadas de limón, ensalada y el pesto de brócoli.

Una vez formadas se pueden envolver en film transparente y congelar para cocinar en otra ocasión.

Para el empanado puedes usar, en lugar de harina de garbanzos, harina para rebozados, harina de trigo mezclada con harina de arroz, o harina de maíz.

• *¿Sabías que en una cucharadita y media de semillas de lino molidas encontramos el omega 3 necesario en un día?*

Hojaldre de tomates y calabacines

Para 4 personas | **Tiempo de preparación: 40 minutos**

Ingredientes

1 placa de hojaldre (sin grasas animales)

3-4 tomates de pera

1 calabacín mediano (unos 350 g)

½ coliflor mediana (unos 350 g)

una pizca de sal

2 cucharadas de aceite de oliva

un poco menos de ¼ de cucharadita de cominos

un poco menos de ¼ de cucharadita de tomillo

¼ de cucharadita de orégano

200 ml de nata vegetal para cocinar

Preparación

Corta los tomates y el calabacín en rodajitas finas. Resérvalo.

Lava la coliflor, rállala con un rallador de agujeros grandes y dórala en una sartén antiadherente con el aceite, cominos, tomillo y sal, removiéndola de vez en cuando, hasta que esté ligeramente dorada (8-10 minutos).

Apártala del fuego, añade la nata vegetal y mézclalo bien.

Precalienta el horno a 210 ºC con calor arriba y abajo.

Pon el hojaldre sobre un molde para tartas mediano (rectangular, redondo o cuadrado). En el fondo pon una capa de coliflor y encima una capa de lonchitas de tomate. Espolvorea con una pizca de sal. Encima de esta capa pon otra de rodajitas de calabacín y espolvorea con otra pizca de sal (muy poquito).

Mételo al horno 15-18 minutos con calor arriba y abajo, hasta que la masa esté hecha, y después 5 minutos más con calor solo por arriba para dorar el calabacín. Puedes ponerle una pizca de aceite de oliva con un pincel.

Sácalo y sírvelo caliente o frío.

Puedes darle un toque muy bueno poniendo una buena capa de queso vegano (la variedad que quieras) rallado por encima de la crema de coliflor o sobre los calabacines. También puedes añadir un puñadito de piñones.

• Moussaka de setas

• • • Para 4 personas | **Tiempo de preparación: 40 minutos**

Ingredientes

Para la moussaka

2 berenjenas medianas

2 patatas medianas cocidas (unos 300 g)

2 cucharadas de aceite de oliva

500 g de mix de setas congeladas (o frescas)

2 tomates pelados

Una pizca de sal

¼ de cucharadita de hierbas provenzales

100 ml de vino blanco

1 cucharada de harina de trigo integral

Para la bechamel

2 cucharadas de aceite de oliva

2 cucharadas de harina de trigo integral

1 taza de bebida de soja

Una pizca de sal

Una pizca de nuez moscada

Preparación

Corta las berenjenas en rodajitas finas y déjalas en un plato, espolvoreándolas con una pizca con sal, al menos media hora.

Mientras reposan las berenjenas calienta 1 cucharada de aceite de oliva en una sartén mediana a fuego medio. Pon las setas y deja que se descongelen y suelten líquido. Añade la sal y hierbas y deja que reduzca 3-4 minutos. Añade los tomates pelados y machácalos con la cuchara de palo. Agrega el vino blanco y deja que reduzca unos minutos más.

Añade la harina y mézclalo muy bien hasta que quede una mezcla melosa. Apártalo del fuego.

Lava y escurre las berenjenas. Calienta 1/2 cucharada de aceite de oliva en una sartén grande antiadherente o sartén grill a fuego medio-alto. Dora las rodajas de berenjenas por tandas, espolvoreando con una pizca de sal, por ambos lados, hasta que se doren. Ve sacándolas a un plato.

Precalienta el horno a 200 ºC con calor solo arriba.

Pela las patatas y córtalas en rodajitas finas. Pon una capita de patatas en un molde para horno mediano. Encima, una capita de setas, y sobre esta, una capa de berenjenas. Repítelo hasta acabar con los ingredientes.

Calienta en un cacito el aceite de oliva a fuego medio. Añade la harina de trigo y remuévelo rápidamente con un batidor manual de varillas. Baja el fuego y agrega la bebida de soja sin dejar de remover. Añade la sal y nuez moscada. Sigue batiendo hasta que quede una crema suave.

Vierte la bechamel sobre la mousssaka y métela al horno a 200 ºC con calor solo arriba o gratinado 6-8 minutos, o hasta que se dore la bechamel.

Sácalo y sírvelo caliente.

Se puede hacer con champiñones blancos normales o setas en lugar de usar la mezcla de setas, o añadir también soja texturizada fina o tempeh rallado. Puedes poner por encima queso vegano para fundir.

• Medallones de verduras

• • • Para 8-10 medallones | **Tiempo de preparación: 40 minutos**

Ingredientes

2 patatas pequeñas cocidas (unos 250 g)

1 zanahoria cocida

1 taza y ½ de judías rojas cocidas

1 pimiento verde mediano (unos 125 g)

5 pimientos del piquillo asados

1 diente de ajo

2 cebollas de primavera o 1/2 cebolleta (también partes verdes)

1 puerro mediano (unos 200 g)

½ calabacín (unos 200 g)

¼ de cucharadita de sal

una pizca de pimienta negra molida

3 cucharadas de zumo de limón

1 cucharadita de ralladura de limón

¼ de cucharadita de sazonador de barbacoa

¼ de cucharadita de hierbas provenzales

2 cucharadas de pan rallado (opcional)

1 cucharada de semillas de lino (opcional)

Preparación

Machaca en un bol las patatas y la zanahoria. Añade las judías y machácalas también.

Pica bien finas todas las verduras y ve añadiéndolas al bol, mezclando muy bien.

Agrega la sal, limón y especias y mézclalo, aplastando los ingredientes con un tenedor.

Puedes añadir pan rallado si tu mezcla es poco consistente. También se puede añadir harina integral.

Prueba la masa y añade un poco más de sal si lo ves necesario.

Precalienta el horno a 200 ºC con calor arriba y abajo.

Prepara una bandeja para horno con papel para hornear.

Ve tomando porciones de la masa de unas 3-4 cucharadas y formando los medallones. Es recomendable hacerlo con un aro de emplatar o un molde redondo de unos 8 cm de diámetro, aplastando y compactando la masa con un expulsor, directamente en la bandeja de horno, así nos quedarán mucho más compactos y con menos riesgo de que se rompan.

Una vez formados todos los medallones mételo al horno a altura media, a 200ºC durante 25 minutos o hasta que estén dorados y se hayan expandido un poco.

Sácalos y sírvelos calientes con ensalada.

Una vez formados puedes envolverlos en film transparente y congelarlos para hacerlos cualquier otro día.

Puedes utilizar las legumbres y verduras que quieras o que tengas a mano: garbanzos, lentejas, judías blancas o negras, guisantes, calabaza cocida o asada, remolacha, colinabo, apio, espinacas, grelos, acelgas, etc.

Pastel de verduras y soja texturizada

Para 4 personas | Tiempo de preparación: 40 minutos | ++ **Rico en proteínas y hierro**

Ingredientes

2 tazas de menestra congelada

Un poco menos de ¼ de cucharadita de sal

¼ de cucharadita de nuez moscada

2 cucharadas de harina de trigo integral

2 cucharadas de aceite de oliva

1 taza de soja texturizada fina

2 cucharadas de salsa de soja

1 cucharadita de hierbas provenzales

1 taza de salsa de tomate casera

1,5 tazas de puré de patatas casero

1 lámina de hojaldre (sin grasas animales)

Preparación

Pon en una cacerola la menestra con la sal y 2 tazas de agua a fuego fuerte. Cuando empiece a hervir ponlo a fuego lento hasta que las verduras estén tiernas (unos 10 minutos). Añade la nuez moscada y la harina de trigo integral y remuévelo bien hasta que las verduras estén cremosas. Retíralo del fuego.

En una sartén pon el aceite de oliva a fuego medio-alto. Pon primero las hierbas provenzales y después la soja texturizada. Mézclalo bien. Vierte la salsa de soja y mézclalo. Agrega 1,5 tazas de agua y baja un poco el fuego. Deja que cueza 6-8 minutos o hasta que la soja texturizada esté tierna y no quede apenas líquido.

Añade entonces la salsa de tomate casera, mézclalo bien y déjalo reducir 3-4 minutos. Retíralo del fuego.

Precalienta el horno a 210 ºC con calor arriba y abajo.

Pon una capa de menestra de verduras en 4 moldes individuales medianos o en una fuente para horno. Encima, una capa de soja texturizada. Encima de esta, una capa de puré de patatas. Y sobre esta, el hojaldre. Recorta los bordes sobrantes y haz unos agujeros en la superficie con un tenedor.

Mete los pasteles o la fuente al horno a 210 ºC a altura media 10 minutos o hasta que empiece a dorarse el hojaldre. Déjalo 5 minutos más con calor solo por arriba.

Sírvelo caliente.

Se puede hacer sin hojaldre, gratinando el puré de patatas tal cual o con un puñadito de queso vegano para fundir.

• Empanada de no-atún con tomate

• • • Para 4-6 personas | Tiempo de preparación: 40 minutos + tiempos de reposo ++ **Rico en proteínas y hierro**

Ingredientes

Para la masa

275 g de harina de trigo integral

100 ml de vino blanco

250 ml de agua

Un poco menos de ¼ de cucharadita de sal

1-2 cucharadas de aceite de oliva para pincelar

Para el relleno

2 láminas de alga nori

2 cebollas de primavera o ½ cebolleta con partes verdes

¾ de taza de soja texturizada fina

1,5 tazas de garbanzos cocidos y escurridos

4 cucharadas de vinagre de vino blanco

2 dientes de ajo

1 cucharada de perejil fresco picado

Un poco menos de ¼ de cucharadita de sal

½ cucharadita de salvia

Una pizca de pimienta negra molida

1 cucharada de aceite de oliva

1 tomate grande y maduro (unos 300 g)

2 cucharadas de almidón de maíz (maicena)

1 taza de salsa de tomate casera o ¾ de taza de tomate frito

Es muy fácil dar "sabor a mar" a cualquier preparación: basta con utilizar algas, preferiblemente nori tostadas, que tienen un sabor más pronunciado pero son muy agradables.

Preparación

Pon en un bol la soja texturizada fina y mézclala con el vinagre, perejil, sal, salvia, pimienta y aceite de oliva.

Ralla el tomate y añádelo, mezclándolo bien.

Pica bien finas las cebollas de primavera o la cebolleta y añádelas.

Pela y quita el nervio de los ajos. Pícalos bien finos y mézclalos en el bol. Añade aprox. 1/4 de taza de agua, mézclalo y déjalo reposar al menos media hora.

Para hacer la masa mezcla la harina con la sal y añade el vino y el agua, removiendo y amasando hasta obtener una masa homogénea.

Tápala y déjala reposar al menos media hora.

Añade los garbanzos al bol y aplástalo todo junto con un tenedor o un machacador de patatas. No es necesario hacerlo puré, pero procura que no queden muchos garbanzos enteros.

Calienta una sartén a fuego fuerte. Dora las hojas de alga nori en la sartén, sin aceite, por ambos lados, dándoles la vuelta de vez en cuando, hasta que estén secas y quebradizas. Sácalas y hazlas polvo con las manos. Añádelo al bol.

Agrega la salsa de tomate y el almidón y mézclalo todo muy bien.

Precalienta el horno a 210 ºC con calor arriba y abajo. Pon una lámina de papel para hornear sobre una bandeja para horno.

Saca la bola de masa a una superficie ligeramente enharinada. Amásala 2-3 minutos, hasta que esté elástica, y estírala con el rodillo para darle la forma que quieras (redonda si la vas a hacer con forma de empanadilla gigante o dos rectángulos para una empanada normal).

Pon la masa en la bandeja para horno y extiende el relleno sin llegar a los bordes. Cierra la masa con la otra mitad y dobla y aprieta los bordes para que no se abran. Pincha la superficie con un tenedor varias veces.

Pincela la superficie con aceite de oliva y un pincel de repostería.

Hornéalo a 210 ºC durante 25 minutos o hasta que la masa esté hecha y dorada.

Sácalo y sírvelo caliente o frío.

Quiche de espinacas, setas y guisantes

Para 6 personas | **Tiempo de preparación: 50 minutos**

Ingredientes

Para la masa

1 taza de harina integral de centeno

Aprox. ½ taza de harina integral de trigo para amasar

½ taza de sémola fina de trigo

1 taza de agua templada

1 cucharadita de levadura de panadería seca

¼ de cucharadita de sal

Para el relleno

1 taza de espinacas picadas congeladas

1 taza de guisantes congelados

1 taza de setas y champiñones (sirven congelados) troceados

1 cucharada de aceite de oliva

Aprox. ¼ de cucharadita de sal

¼ de cucharadita de nuez moscada

¼ de cucharadita de hierbabuena

¼ de cucharadita de tomillo

¼ de cucharadita de ajo en polvo

2 patatas cocidas medianas (opcional)

¾ de taza de harina de garbanzos

¼ de taza de almendras molidas

1 cucharada de almidón de maíz (maicena)

Una pizca de sal

3 cucharadas de vinagre de manzana

1 taza de agua

60 ml de nata vegetal para cocinar

Preparación

Puedes cambiar las hierbas y especias a tu gusto, y utilizar por ejemplo polenta en lugar de harina de garbanzos.

Para hacer la masa mezcla la harina, sémola, levadura y pan. Agrega el agua y mézclalo bien. Amásalo a mano o en amasadora hasta que quede una masa elástica (12 minutos).

Tápalo y déjalo reposar en un lugar cálido hasta que duplique su tamaño.

Calienta en una sartén antiadherente el aceite de oliva a fuego medio-alto y añade las espinacas, guisantes y setas junto con la sal y las especias. Tápalo y deja que se cueza

5 minutos. Añade las setas y champiñones y déjalo destapado, removiendo de vez en cuando, hasta que todo esté hecho y sin líquido.

Apártalo y resérvalo.

Pon en la batidora la harina de garbanzos, almendras molidas, almidón, sal, vinagre, agua y nata vegetal y bátelo todo junto hasta obtener una mezcla homogénea.

Machaca las patatas con un tenedor y añádelas a la mezcla líquida. Agrega también los guisantes con espinacas y setas y mézclalo a mano.

Precalienta el horno a 210 ºC con calor arriba y abajo.

Saca la masa y amásala unos minutos más, agregando harina integral de trigo si fuese necesario. Estírala para darle forma redonda o cuadrada (según el molde que utilices).

Coloca la masa en el molde (tamaño mediano, unos 25 cm de diámetro) y recorta los bordes. Vierte sobre ella la mezcla que hemos hecho de verduras.

Métela al horno a 210 ºC a altura media 22-26 minutos, hasta que la masa esté hecha y la superficie ligeramente dorada.

Deja que repose 5 minutos antes de servirla.

Se puede servir caliente o fría.

Quiche de tomates y soja texturizada

Para 6 personas | **Tiempo de preparación:** 45 minutos

Ingredientes

Para la masa

1 taza de harina integral de centeno

Aprox. ½ taza de harina integral de trigo para amasar

½ taza de sémola fina de trigo

1 taza de agua templada

1 cucharadita de levadura de panadería seca

¼ de cucharadita de sal

Para el relleno

1 taza de soja texturizada fina

2 cucharadas de aceite de oliva

2 cucharadas de vinagre de arroz o de manzana

3 cucharadas de salsa de soja

1 cucharada de perejil fresco picado

1 cucharada de albahaca fresca picada

Una pizca de sal

1 cucharadita de almidón de maíz (maicena)

½ taza de agua

6-8 tomates de pera maduros

Unas ramitas de tomillo

Preparación

Para hacer la masa mezcla la harina, sémola, levadura y pan. Agrega el agua y mézclalo bien. Amásalo a mano o en amasadora hasta que quede una masa elástica (12 minutos).

Tápalo y déjalo reposar en un lugar cálido hasta que duplique su tamaño.

Calienta en una sartén antiadherente el aceite de oliva a fuego medio. Agrega la soja texturizada fina y dórala ligeramente. Añade el vinagre de arroz y salsa de soja y remuévelo bien. Agrega el perejil y albahaca y ½ taza de agua.

Deja que hierva y se cueza hasta que la soja texturizada esté blanda y se haya evaporado toda el agua.

Mezcla la cucharadita de almidón de maíz con 1/2 taza de agua fría y añádelo a la sartén. Remuévelo rápidamente y retíralo del fuego cuando haya espesado.

Precalienta el horno a 200 ºC.

Saca la masa y amásala unos minutos más, agregando harina integral de trigo si fuese necesario. Estírala para darle forma redonda o cuadrada (según el molde que utilices.

Coloca la masa en el molde (tamaño mediano, unos 25 cm de diámetro) y recorta los bordes.

Métela al horno a 200 ºC a altura media 10-12 minutos.

Saca la masa y sobre ella pon la soja texturizada.

Corta los tomates en rodajas y colócalos por encima. Espolvorea con una pizca de sal, el tomillo y, si quieres, 2 cucharaditas de aceite de oliva.

Mete la quiche en el horno un poco más arriba del medio y deja que se haga 15-18 minutos, hasta que los tomates estén asados y la masa completamente hecha y ligeramente dorada.

Sácalo y sírvelo caliente.

Puedes hacer esta quiche con otros ingredientes, por ejemplo rodajas de berenjena, de calabacín, pimientos, puerros, etc.

CAPÍTULO 5

• Cereales

Cuscús con verduras al vapor y garbanzos tostados

Para 4 personas | **Tiempo de preparación: 30 minutos + tiempos de reposo**

Ingredientes

Para el cuscús

1 taza de cuscús medio

1 cucharadita de ras-el-hanout

½ pastilla de caldo de verduras

Una pizca de sal

1 cucharada de aceite de oliva

Para las verduras

½ calabacín grande (unos 200 g)

½ brócoli grande (unos 200 g)

2 zanahorias medianas

¼ de apionabo mediano (unos 200 g) (opcional)

6-8 mitades de tomates secos

Para los garbanzos

¼ de taza de almendras peladas

1 taza de garbanzos cocidos y escurridos

1 cucharada de aceite de oliva

¼ de cucharadita de cominos

¼ de cucharadita de tomillo

Una pizca de sal

Preparación

Lava y pela las zanahorias y apionabo y córtalos en trozos medianos. Ponlos al vapor a fuego medio 5 minutos.

Mientras pon en una cacerola mediana 2 tazas de agua con el ras-el-hanout, caldo de verduras y sal. Cuando empiece a hervir añade el cuscús, remuévelo, ponlo a fuego lento y tápalo. Deja que cueza hasta que no quede agua. Vierte el aceite por encima y remuévelo. Tápalo y déjalo reposando apartado del fuego.

Corta el resto de verduras en trozos medianos y ponlos en la vaporera, también a fuego medio, 6-7 minutos más.

En una sartén mediana calienta el aceite de oliva a fuego medio-alto. Dora ligeramente el comino y añade el tomillo y las almendras. Remuévelo bien. Agrega los garbanzos y sal y tápalo.

Deja que se doren los garbanzos 3-4 minutos, salteándolo de vez en cuando con la tapa puesta.

Esponja el cuscús con un tenedor y sírvelo.

Saca las verduras y ponlas por encima.

Termina el plato con los garbanzos y almendras.

Sírvelo caliente o templado.

Puedes variar las especias del cuscús a tu gusto, añadiendo por ejemplo cúrcuma, pimentón o cominos.

También puedes usar otras verduras, como coliflor, pimientos, coles de Bruselas, patata, boniato, etc.

• Kao Mun
(arroz tailandés con coco)

• • • Para 4 personas | Tiempo de preparación: 30 minutos **+ Rico en hierro**

Ingredientes

2 tazas de arroz jazmín o thai
1 taza de leche de coco
1 taza y ½ de agua
¼ de cucharadita de azúcar
¼ de cucharadita de sal

Preparación

Lava el arroz en la cacerola un par de veces, no es necesario que el agua salga completamente clara. Escúrrelo bien.

Mézclalo con la leche de coco, agua, azúcar y sal, tápalo y ponlo a fuego fuerte.

Cuando empiece a hervir bájalo a fuego lento-medio y deja que se cueza hasta que no quede líquido (unos 10 minutos).

Apártalo del fuego y déjalo reposar 15 minutos. Remuévelo y espónjalo con un tenedor antes de servir.

Se puede servir frío o caliente.

Este arroz se sirve como acompañamiento de otros platos, especialmente curris y guisos.

• *¿Sabías que al coco, a pesar de su mala fama por contener grasa saturada, lo podemos considerar un alimento rico en grasa saludable por el tipo especial de ácidos grasos que contiene?*

• Paella de verduras

• • • Para 4 personas | **Tiempo de preparación: 40 minutos** | **Rico en hierro**

Ingredientes

2 tazas de arroz redondo

3 cucharadas de aceite de oliva

½ cebolla dulce

1 diente de ajo

1 pimiento rojo italiano

¾ de taza de judías garrofó congeladas

1 taza de judías verdes planas o redondas, cortadas

6-8 corazones de alcachofas

1 tomate maduro

Menos de ¼ de cucharadita de sal

¼ de cucharadita de tomillo

Un par de ramitas de romero

½ pastilla de caldo de verduras

½ cucharadita de pimentón dulce

1 g de azafrán o bien colorante para paella o 1 cucharadita de cúrcuma

Preparación

Pica fina la cebolla.

Quita el nervio del ajo. Pícalo fino.

Pica fino el pimiento rojo.

Corta por la mitad las alcachofas.

Ralla el tomate.

Si usas el azafrán, déjalo en una taza de agua templada.

Calienta en una sartén o paella grande a fuego medio el aceite de oliva.

Pon la cebolla y el ajo y remuévelo rápidamente. Añade el pimiento, garrofó y judías verdes y dóralo todo junto 3-4 minutos. Agrega las alcachofas y dóralas un minuto.

Agrega la sal, tomillo, romero y arroz y sofríelo todo junto 3-4 minutos más.

Añade el tomate rallado y mézclalo bien.

Espolvorea con el pimentón y el colorante y mézclalo.

Agrega el caldo de verduras y 2 tazas y ¼ de agua (o 1 taza y ¼ + la taza con el azafrán).

Remuévelo lo justo para distribuir bien los ingredientes.

Cuando empiece a hervir baja el fuego a fuego lento y deja que se haga hasta que no quede nada de caldo, sin remover.

Apártalo, tápalo y deja que repose 10 minutos antes de servir.

Sirve la paella caliente acompañada de limones y all i oli hecho con bebida de soja en lugar de huevo.

Puedes añadir más verduras a la paella: zanahorias, chirivías, calabacín, etc., o más legumbres: añade garbanzos para hacer *arròs empedrat*.

Risotto con tomates cherry

Para 4 personas | **Tiempo de preparación: 30 minutos**

Ingredientes

320 g de arroz carnaroli, arborio o baldo para risotto

2 cucharadas de aceite de oliva

½ cebolla dulce mediana

2 chalotas

2 dientes de ajo

250 g de tomates cherry

1 cucharada de vinagre de módena

¼ de cucharadita de sal

1 pastilla de caldo de verduras

8 tazas de agua

Preparación

Pon a hervir el agua con el caldo de verduras. Cuando entre en ebullición ponlo al mínimo, tapado.

Pica finas la cebolla y las chalotas.

Quita y descarta los nervios de los ajos. Pícalos finos.

Calienta el aceite en una sartén alta o cacerola ancha a fuego medio. Agrega las cebollas, chalotas y ajo picado y remuévelo.

Corta los tomates cherry por la mitad y añádelos al sofrito.

Deja que se dore todo junto 4-5 minutos a fuego medio, removiendo ocasionalmente.

Agrega un poco de sal y el vinagre de módena y mézclalo.

Añade el arroz y el resto de la sal y remuévelo bien.

Agrega 1 cacito del caldo de verduras al arroz y remuévelo suavemente.

Cuando veas que queda poco líquido añade otro cacito de caldo y sigue removiendo.

Repite la operación hasta que el arroz esté al dente y cremoso.

Si es necesario puedes añadir un poco más de agua o caldo.

Sírvelo caliente.

Lo más importante del risotto es remover para que el arroz suelte almidón y nos quede un arroz muy cremoso pero al dente. Basta con cambiar los tomates por otras verduras o setas para hacer cualquier otro tipo de risotto.

Lasaña de champiñones y soja

Para 4-6 personas | Tiempo de preparación: 45 minutos | **Rico en proteínas y calcio**

Ingredientes

Para la lasaña

350 g de champiñones

2 cucharadas de aceite

¼ de cucharadita de tomillo

100 ml de vino blanco

2 cucharadas de harina integral de trigo

1 taza y ½ de bebida de soja o de almendras

1 taza de soja texturizada fina

1 cucharada de aceite de oliva

½ cucharadita de hierbas provenzales

1 diente de ajo picado

2 cucharadas de salsa de soja

¾ de taza de salsa de tomate casera

1,5 tazas de agua

16 placas de lasaña precocidas (sin huevo)

Para la bechamel

1 cucharada de aceite de oliva

2 cucharadas de harina de trigo integral

2 tazas de bebida de soja

Aprox. ⅛ de cucharadita de sal

⅛ de cucharadita de nuez moscada

½ taza de queso vegano para fundir, rallado (opcional)

Puedes hacer esta misma lasaña con otros ingredientes, por ejemplo verduras asadas, y cambiar las placas de pasta por calabacín o berenjena cortados en láminas finas.

Preparación

Lava muy bien los champiñones y pícalos finos.

Pon en una fuente abundante agua hirviendo y sumerge las placas de lasaña.

En una sartén calienta las 2 cucharadas de aceite a fuego medio-alto. Saltea los champiñones un 3-4 minutos y baja un poco el fuego. Añade el tomillo, sal y vino blanco y deja que reduzca 2-3 minutos. Espolvorea con la harina integral, mézclalo bien y baja un poco más el fuego. Añade poco a poco la bebida de soja, sin dejar de remover, hasta que se forme una crema suave. Retíralo del fuego.

En una sartén calienta 1 cucharada de aceite a fuego medio. Pon la soja texturizada, ajo y hierbas provenzales y mézclalo. Vierte la salsa de soja y salsa de tomate y remuévelo. Agrega el agua y deja que hierva hasta que la soja esté tierna y se haya evaporado la mayor parte del agua (serán 4-5 minutos). Apártalo del fuego.

Pon en una fuente o bandeja para horno mediana una capa de placas de lasaña y sobre esta una fina capa de mezcla de champiñón y otra de soja. Cúbrelo con otra capa de placas de lasaña. Repítelo hasta acabar con una capa de placas de lasaña.

Precalienta el horno a 210 ºC con calor solo por arriba.

En un cacito calienta a fuego medio 1 cucharada de aceite y mézclalo con la harina. Agrega poco a poco la bebida de soja y baja el fuego, sin dejar de remover con un batidor de varillas manual, hasta obtener una salsa ligera. Agrega la sal y la nuez moscada y mézclalo. Pruébalo y rectifica de sal si fuese necesario.

Vierte la crema sobre la lasaña y espolvorea con el queso vegano (es opcional).

Mételo al horno unos 10 minutos o hasta que se dore la superficie.

Sírvelo caliente.

Pasta a la boloñesa

Para 4 personas | Tiempo de preparación: 25 minutos **Rico en proteínas, hierro**

Ingredientes

350 g de espaguetis o tallarines blancos o integrales

Una pizca de sal

2 cucharadas de aceite de oliva

½ cebolla mediana

1 diente de ajo

1 taza de soja texturizada fina

¼ de cucharadita de tomillo

una pizca de pimienta negra

2 cucharadas de salsa de soja

1 taza de tomate frito o salsa de tomate casera

Preparación

Pon a hervir abundante agua en una cacerola u olla mediana-grande a fuego fuerte con una pizca de sal para hacer la pasta. Hazla según las instrucciones del paquete.

Mientras hierve el agua y se hace la pasta, quita el nervio del ajo y pela la cebolla. Pica ambos bien finos.

Calienta el aceite en una sartén mediana-grande a fuego medio. Dora ligeramente el ajo y cebolla. Añade la soja texturizada, tomillo y pimienta y mézclalo bien hasta que empiece a tomar color la soja texturizada. Añade la salsa de soja y remuévelo rápidamente.

Agrega 1 taza y ½ de agua y deja que se cueza hasta que apenas quede líquido.

Añade la salsa de tomate, mézclalo bien y déjalo a fuego lento, removiendo ocasionalmente, hasta que sirvas la pasta.

Escurre la pasta y sírvela.

Vierte la salsa sobre cada plato, equitativamente, y sírvelo.

Puedes añadir albahaca fresca al servirlo.

En lugar de soja texturizada fina puedes utilizar coliflor: basta con rallarla y dorarla en la sartén, no es necesario añadir agua. También sirve el romanescu.

Pasta con crema de coliflor y espárragos trigueros

Para 4 personas | **Tiempo de preparación: 45 minutos** | **Rico en calcio**

Ingredientes

300 g de tallarines integrales o blancos

250 g de coliflor (solo floretes)

150 g de espárragos trigueros finos

2 tazas de bebida de soja o de almendras

¼ de cucharadita de nuez moscada

¼ de cucharadita de orégano

¼ de cucharadita de sal

Preparación

Deshaz la coliflor en floretes y hazla al vapor, a fuego medio, hasta que esté muy tierna, que casi se deshaga (serán 20-25 minutos). Ponla en el vaso de la batidora.

Calienta en una cacerola abundante agua y haz los tallarines según las instrucciones del paquete para que queden al dente.

Calienta la bebida vegetal junto con la sal, nuez moscada y orégano a fuego medio-alto hasta que empiece a hervir, removiendo ocasionalmente. Viértelo en la batidora con la coliflor y bátelo todo junto 2-3 minutos hasta obtener una crema fina. Pruébalo y rectifica de sal si fuese necesario. Si quieres que quede más líquida puedes añadir más bebida vegetal o agua.

Lava los espárragos, córtalos en trozos de 4-5 cm de largo y hazlos a la plancha con 1 cucharadita de aceite de oliva y una pizca de sal, a fuego medio, salteándolos de vez en cuando, hasta que estén tiernos y ligeramente dorados.

Escurre la pasta y sírvela. Vierte por encima la salsa y reparte los espárragos.

Puedes usar la pasta que quieras. La salsa también queda muy bien en quiches y empanadas vegetales.

Pasta con salsa fresca de tomates marinados

Para 4 personas | **Tiempo de preparación: 30 minutos**

Ingredientes

Para la pasta

300 g de tallarines o espaguetis integrales o blancos

1 cucharada de aceite de oliva

Para la salsa de tomate

4 tomates pelados

1 cucharada de vinagre de módena

1 cucharada de aceite de oliva

½ cucharadita de pimienta negra molida

2 cucharadas de albahaca fresca picada

2 dientes de ajo picados

¼ de cucharadita de pimentón dulce

¼ de cucharadita de sal

Preparación

Pon en un bol los tomates y machácalos con un tenedor. Añade el resto de ingredientes y mézclalo bien.

Tápalo y déjalo en la nevera al menos 2 horas.

Pon a hervir abundante agua con una pizca de sal.

Cuece los tallarines según las instrucciones del paquete para que queden al dente.

Escurre la pasta, añade 1 cucharada de aceite de oliva y mézclalo bien.

Vierte la pasta en el bol con el tomate y mézclalo.

Sírvelo tal cual. Si lo quieres caliente puedes pasarlo todo junto a la cacerola donde hiciste la pasta y dejar que se caliente a fuego medio-bajo 3-4 minutos.

Podemos hacer salsas muy fáciles machacando y marinando verduras que sean bien jugosas. Lo puedes hacer también con pimientos del piquillo, calabacines o berenjenas asadas, etc.

Pasta e ceci

Para 4 personas | **Tiempo de preparación: 25 minutos**

Ingredientes

½ cebolla blanca o dulce (unos 120 g)

½ puerro mediano (unos 75 g)

2 dientes de ajo

3 cucharadas de aceite

¼ de cucharadita de sal

400 g de garbanzos cocidos y escurridos

1 cucharadita de perejil fresco picado

½ cucharadita de tomillo

½ taza de salsa de tomate casera o 150 g de tomate frito

1 tomate de pera pelado

1,5 tazas de agua con ¼ de pastilla de caldo de verduras

100 g de pasta fina o de tamaño pequeño

Preparación

Pela los ajos, córtalos por la mitad, quítales el nervio y pícalos finos.

Pica bien fina la cebolla y el puerro.

Pica el tomate en trozos pequeños.

Calienta el aceite en una sartén grande a fuego medio, y añade la cebolla, el puerro y los ajos. Remuévelos constantemente y añade la sal.

Cuando empiecen a dorarse los ajos añade el tomate, los garbanzos, perejil y tomillo y saltéalo todo junto para.

Tápalo y deja que se doren ligeramente los garbanzos 3-4 minutos.

Agrega la salsa de tomate casera o tomate frito y remuévelo muy bien.

Añade el agua con el caldo de verduras y remuévelo. Ponlo a fuego fuerte y cuando empiece a hervir ponlo a fuego medio-bajo, sin tapar.

Pon a hervir abundante agua en una cacerola mediana y cuece la pasta según las instrucciones del paquete para que quede al dente, pero sácala 1 minuto antes.

Escurre la pasta reservando ½ taza del agua y añádelo todo a la sartén con los garbanzos. Mézclalo bien y deja que se cueza todo junto 2 minutos más o hasta que el caldo quede ligeramente meloso. Pruébalo y añade una pizca más de sal si lo ves necesario.

Retíralo del fuego y sírvelo caliente.

Prueba a añadir más verduras picadas finas como zanahoria, calabacín, remolacha, pimientos, etc.

CAPÍTULO 6

• Guisos, potajes y estofados

Seitán esponjoso

Para 6-8 personas (salen 700 g) | Tiempo de preparación: 40 minutos + tiempos de reposo | **+ Rico en proteínas**

Ingredientes

2 tazas de gluten de trigo

½ taza de harina integral de trigo

1 cucharadita de levadura de panadería

¼ de cucharadita de sal

2 cucharadas de salsa de soja

2,5 tazas de agua

Preparación

Mezcla el gluten, harina, levadura y sal. Agrega la salsa de soja y el agua y amásalo a mano 3-4 minutos, hasta que deje de romperse.

Tápalo y déjalo reposar hasta que doble su tamaño.

Al horno

Precalienta el horno a 200 ºC.

Pasa el seitán a un molde rectangular para horno y hornéalo 25 minutos.

Al vapor

Pon el seitán en un recipiente grande que quepa en la vaporera y hazlo al vapor, tapado, a fuego medio-alto, unos 30 minutos.

Cocido

Amasa de nuevo el seitán y dale forma de bola (o más o menos). Pon a hervir abundante agua en una olla grande y cuando empiece a hervir mete el seitán.

Tápalo y deja que se haga a fuego medio 40-45 minutos (en olla exprés 20 minutos).

Se puede guardar y marinar el seitán con caldo. Pon suficiente agua como para cubrirlo en una cacerola grande y agrega salsa de soja, laurel, caldo de verduras y las especias y sabores que quieras (por ejemplo ajo, cebolla, clavo de olor, pimienta negra entera, cardamomo, romero, tomillo, etc). Deja que hierva, mete el seitán y apaga el fuego. Cuando se enfríe puedes guardarlo con su propio caldo.

Se pueden añadir más cosas a la masa de seitán: humo líquido, pimentón ahumado, pimienta negra, caldo de verduras, cominos, etc.

Guiso de seitán esponjoso con champiñones y cebolla caramelizada

Para 4 personas | Tiempo de preparación: 50 minutos | **+ Rico en proteínas**

Ingredientes

1 cebolla blanca o morada grande (unos 260 g)

2 cucharadas de aceite de oliva

Una pizca de sal

Un poco menos de ⅛ de cucharadita de bicarbonato

¼ de cucharadita de azúcar moreno

3 tazas de seitán esponjoso en dados

3 patatas medianas (unos 600 g)

8 champiñones frescos

2 hojas de laurel

3-4 bayas de enebro (opcional)

½ cucharadita de ralladura de naranja

½ cucharadita de tomillo

1 ramita de romero

1 cucharada de vinagre de módena

2 cucharadas de salsa de soja

½ pastilla de caldo de verduras

1 cucharada de harina de trigo o de avena integral

Preparación

Calienta 1 cucharada de aceite en una sartén alta grande o braseadora a fuego medio.

Corta la cebolla en tiras no muy gruesas y ponla en la sartén con una pizca de sal.

Baja un poco el fuego y deja que se dore, moviéndolo de vez en cuando.

Tras 10 minutos agrega el bicarbonato y el azúcar moreno para acelerar el proceso.

Lava muy bien las patatas y córtalas en dados medianos.

Cuando la cebolla esté caramelizada pon las patatas y sube un poco el fuego.

Añade el seitán y mézclalo bien.

Lava los champiñones, córtalos en cuartos y agrégalos a la sartén.

Deja que se dore todo junto 5-6 minutos, moviéndolo ocasionalmente.

Sube un poco más el fuego y agrega las hierbas y especias y el vinagre de módena. Mézclalo bien.

Añade la salsa de soja y remuévelo.

Agrega el caldo de verduras y al menos 4 tazas de agua.

Tápalo y deja que hierva a fuego medio 20-25 minutos, hasta que las patatas estén tiernas.

Pruébalo y rectifica de sal si fuese necesario.

Mezcla la harina con 1/2 taza de agua y añádelo a la sartén para espesar el caldo. Remuévelo bien y retíralo cuando el caldo espese un poco.

Sírvelo caliente.

Puedes hacer este mismo guiso con tofu, tempeh, o solo con verduras. Acompáñalo con pan para mojar.

• Fabada con verduras

• • • Para 4 personas | Tiempo de preparación: 30 minutos | **Rico en hierro**

Ingredientes

½ cebolla blanca

4 clavos de olor

2 cucharadas de aceite de oliva

3 patatas pequeñas

2 zanahorias

½ calabacín grande (unos 250 g)

¼ de cucharadita de sal

¼ de pastilla de caldo de verduras

2 hojas de laurel

1 ramita de romero

¼ de cucharadita de tomillo

2 cucharadas de salsa de tomate casera o tomate frito

1 cucharadita de pimentón dulce

½ cucharadita de pimentón ahumado

3 tazas de judías blancas cocidas y escurridas

Preparación

Pela la cebolla y córtala por la mitad. Clávale los clavos de olor.

Ponla a fuego medio-alto en una cacerola antiadherente y dórala en seco 4-5 minutos por los lados cortados, hasta que se vea tostada.

Pela las zanahorias y córtalas en trozos medianos.

Lava muy bien las patatas y córtalas por la mitad o en cuartos.

Corta el calabacín en dados o trozos medianos.

Añade a la cacerola el aceite de oliva, patatas, zanahorias y calabacín y mézclalo bien. Tápalo y deja que se haga en su jugo 10-12 minutos, a fuego medio-bajo, moviéndolo solo ocasionalmente.

Agrega la sal, caldo de verduras, laurel, romero, tomillo y salsa de tomate y remuévelo.

Agrega las judías junto con el pimentón y al menos 4 tazas de agua (que cubran muy bien todos los ingredientes) y ponlo a fuego fuerte.

Cuando empiece a hervir baja el fuego a fuego medio y deja que se cueza todo junto hasta que las patatas estén tiernas.

Sírvelo caliente.

Puedes añadirle unos trozos de seitán, y/o chorizo vegano, dóralos junto con el aceite para mucho mejor sabor. Se puede variar al gusto, con las especias y hierbas que suelas usar.

Garbanzos con espinacas cremosas

Para 4 personas | Tiempo de preparación: 25 minutos | **Rico en calcio**

Ingredientes

2 tazas de garbanzos cocidos y escurridos
2 tazas de espinacas picadas congeladas
2 cucharadas de aceite de oliva
½ taza de nueces picadas
¼ de cucharadita de tomillo
¼ de cucharadita de cominos
Una ramita de romero
3-4 cardamomos verdes (opcional)
1 hoja de laurel
¼ de cucharadita de pimentón ahumado
1 patata cocida mediana (unos 200 g)
2 tomates pelados
¼ de pastilla de caldo de verduras
¼ de cucharadita de sal
1 cucharadita de perejil picado
1 taza de bebida de soja sin azucarar o leche de coco
1 yogur de soja natural sin azucarar
3 cucharadas de zumo de limón
Una pizca de sal

Preparación

Calienta en una sartén alta el aceite de oliva a fuego medio.

Añade y dora 1 minuto las nueces, tomillo, cominos, romero, cardamomos y laurel.

Agrega los garbanzos y mézclalo bien. Deja que se doren 3-4 minutos, tapados.

Corta la patata en trozos medianos y agrégala a la sartén.

Pica los tomates y añádelos.

Agrega el pimentón, caldo de verduras, sal, perejil y espinacas y mézclalo.

Agrega la bebida de soja, tápalo y deja que cueza 10-12 minutos a fuego medio, removiendo ocasionalmente, hasta obtener un guiso cremoso.

Pruébalo y rectifica de sal si fuese necesario.

Mezcla el yogur de soja con el zumo de limón y la sal.

Sírvelo con el yogur de soja por encima o aparte.

Puedes cambiar las especias por las que más te gusten para los potajes, por ejemplo tomillo, eneldo, romero, perejil, salvia, albahaca, etc. También puedes añadir al principio unas rodajas de chorizo vegano para más sabor y textura.

¿Sabías que la espinaca, aunque contiene una cantidad elevada de calcio, no es buena fuente biodisponible del mismo por su contenido en oxalatos que dificultan su absorción? Sin embargo, como todas las verduras y hortalizas, forma parte del grupo de alimentos que debería ser la base de nuestra alimentación y tiene un buen aporte de fibra y vitamina C.

• Lentejas al curry

• • • Para 4 personas | **Tiempo de preparación: 30 minutos**

Ingredientes

½ cebolla morada

1 diente de ajo

¼ de calabaza pequeña (unos 300 g) o 1 boniato

½ calabacín mediano

¼ de cucharadita de semillas de comino

¼ de cucharadita de cilantro en polvo

¼ de cucharadita de jengibre en polvo

1 hoja de laurel

1 cucharadita de curry en polvo

½ cucharadita de cúrcuma

2 cucharadas de aceite de oliva

1 taza de lentejas rojas

½ pastilla de caldo de verduras

½ taza de leche de coco (opcional)

Arroz basmati para servir (opcional)

Preparación

Pica bien fina la cebolla morada y el ajo.

Corta en daditos la calabaza o boniato y el calabacín.

Calienta en una cacerola antiadherente el aceite de oliva a fuego medio. Cuando esté caliente dora ligeramente unos segundos las semillas de comino. Agrega el cilantro, jengibre, laurel, cebolla y ajo y mézclalo bien.

Agrega la calabaza y el calabacín y mézclalo.

Añade el curry y la cúrcuma y mézclalo.

Lava las lentejas rojas y añádelas a la cacerola. Sofríelo todo junto un par de minutos.

Añade la pastilla de caldo, la leche de coco y 2 tazas de agua. Tápalo y cuando empiece a hervir ponlo a fuego lento-medio.

Deja que cueza hasta que las lentejas estén muy tiernas.

Sírvelo caliente tal cual o acompañado de arroz basmati y panes planos.

Las lentejas rojas se cuecen muy rápidamente y no necesitan remojo, pero puedes usar lentejas pardinas u otras lentejas ya cocidas y lo harás más rápido aún.

Seitán Stroganoff

Para 4 personas | Tiempo de preparación: 30 minutos | **+ Rico en proteínas**

Ingredientes

½ cebolla dulce

1 diente de ajo

1 tomate pelado

¼ de cucharadita de tomillo

Una pizca de pimienta negra

1 cucharada de salsa de soja

3 cucharadas de yogur de soja natural sin azucarar

200 ml de nata de soja o de arroz para cocinar

400 g de seitán esponjoso (ver receta)

250 g de pasta integral o blanca

Preparación

Corta el seitán en dados y dóralo en la sartén con el aceite a fuego medio, salteándolo ocasionalmente.

Pica fina la cebolla y el ajo y añádelos. Mézclalo bien.

Añade el tomate y aplástalo con la cuchara de palo. Añade una pizca de sal, el tomillo y la pimienta. Mézclalo bien.

Añade la salsa de soja y remuévelo rápidamente para que no se queme. Añade 1 taza de agua, remuévelo y deja que hierva hasta que no quede apenas líquido (8-10 minutos).

Mientras se hace el seitán pon a hervir abundante agua y cuece la pasta según las instrucciones del paquete para que quede al dente.

Cuando no quede apenas líquido en la sartén, baja el fuego al mínimo y añade el yogur y la nata de soja para cocinar. Remuévelo bien y deja que se caliente todo junto. Pruébalo y agrega una pizca más de sal si fuese necesario.

Sírvelo caliente repartiendo la pasta y por encima el seitán con la salsa.

Se puede hacer con champiñones en lugar de seitán.

Albóndigas de quinoa en salsa de verduras al vino tinto

Para 6 personas | **Tiempo de preparación: 45 minutos**

Ingredientes

Para las albóndigas (salen 20-22)

½ taza de quinoa
1 cucharada de aceite de oliva
1 diente de ajo picado muy fino o machacado
3 cucharadas de salsa de soja
2 cucharadas de harina de arroz
2 cucharadas de almidón de maíz o de tapioca
4 cucharadas de gluten de trigo
2 cucharadas de pan rallado
¼ de cucharadita de tomillo, hierbabuena y nuez moscada
½ taza de agua
Una pizca de sal
Harina de trigo integral para enharinarlas
Aceite de oliva para dorarlas (opcional)

Para la salsa

1 cucharada de aceite de oliva
½ puerro grande (unos 100 g)
300 g de coliflor
300 g de brócoli
4-5 patatas pequeñas
Aprox. ¼ de cucharadita de sal
2 tomates de pera o de rama, maduros
2 cucharadas de salsa de tomate casera
200 ml de vino tinto
1 ramita de romero
1 cucharadita de tomillo
½ pastilla de caldo de verduras
2 hojas de laurel

Preparación

También puedes hacerlas al horno, a 190 ºC, unos 15 minutos o hasta que empiecen a dorarse.

Lava la quinoa y escúrrela muy bien.

Calienta el aceite en una cacerola antiadherente a fuego fuerte y pon la quinoa. Dórala un par de minutos y añade 1 taza de agua. Tápalo, ponlo a fuego lento y deja que se cueza hasta que no quede líquido.

Apártalo del fuego y déjalo reposar al menos 10 minutos.

Pon la quinoa en un bol y añade el resto de ingredientes. Mézclalo bien hasta obtener una masa homogénea. Déjalo reposar 15 minutos en la nevera.

Después, forma las bolitas con poco más de 1 cucharada de masa y pásalas por un plato hondo con harina de trigo integral.

Calienta en una sartén antiadherente suficiente aceite para cubrir el fondo (6-8 cucharadas) a fuego medio.

Mete todas las bolitas que quepan y hazlas 6-8 minutos, moviendo la sartén de vez en cuando para que se hagan homogéneamente.

Sácalas a un plato con papel de cocina absorbente.

Caldo

Para hacer el caldo calienta el aceite en una sartén grande y alta antiadherente a fuego medio.

Pica fino el puerro y deshaz la coliflor en floretes medianos; añádelos a la sartén.

Lava muy bien las patatas y córtalas en trozos medianos-pequeños. Agrégalas también a la sartén.

Espolvorea con la sal, remuévelo y tápalo. Deja que se hagan en su jugo 5-6 minutos.

Pica los tomates y añádelos. Agrega también la salsa de tomate y mézclalo.

Añade el vino tinto y deja que reduzca un par de minutos, hasta que se haya evaporado la mitad del líquido.

Kare raisu (arroz al curry japonés)

Para 4 personas | Tiempo de preparación: 40 minutos | + + + **Rico en proteínas, hierro y calcio**

Ingredientes

1 taza y ½ de arroz japonés o arroz para sushi

300 g de tempeh

250 g de tofu duro

2 cucharadas de aceite de oliva

1 cebolla mediana

3 patatas pequeñas

2 zanahorias

¼ de cucharadita de azúcar moreno

una pizca de sal

¼ de cucharadita de pimienta negra molida

1 cucharada de vinagre de arroz

¼ de taza de salsa de soja

½ pastilla de caldo de verduras

1 cucharadita y ½ de curry en polvo

1 hoja de laurel

3 cucharadas de harina de trigo integral

1 cucharadita de aceite de sésamo (opcional)

Preparación

Lava el arroz en una cacerola 3 veces, hasta que el agua salga más bien clara. Escúrrelo bien.

Agrega 2 tazas de agua, tápalo y ponlo a fuego fuerte. Cuando empiece a hervir ponlo a fuego lento hasta que no quede nada de agua. Apártalo del fuego y déjalo reposar al menos 10 minutos.

Mientras se hace el arroz calienta en una cacerola mediana-grande antiadherente el aceite de oliva.

Corta el tempeh en dados medianos y dóralo en la cacerola a fuego medio. Corta la cebolla en trozos medianos y añádela a la cacerola. Saltéalo todo de vez en cuando. Corta el tofu en daditos y agrégalo también a la cacerola, removiendo y salteando ocasionalmente.

Pela las patatas, córtalas en trozos medianos y agrégalas a la cacerola. Haz lo mismo con las zanahorias.

Añade una pizca de sal y el azúcar moreno y saltéalo todo junto.

Agrega el vinagre de arroz y salsa de soja y remuévelo bien. Añade el caldo de verduras, pimienta, curry y laurel y 5-6 tazas de agua (suficiente para cubrirlo todo muy bien).

Cuando empiece a hervir ponlo a fuego medio-bajo 18-20 minutos, hasta que las patatas estén tiernas.

Remueve el arroz, añádele el aceite de sésamo (es opcional) y mézclalo bien. Mantenlo tapado hasta el momento de servir.

Mezcla la harina integral con media taza de agua y añádelo a la cacerola. Deja que espese removiendo suavemente, serán 3-4 minutos. Pruébalo y añade un poco más de salsa de soja si lo ves necesario.

Sírvelo caliente con una parte de arroz y otra de curry.

Para esta receta puedes usar, en lugar del tempeh, preparados vegetales como pollo vegano o ternera vegana, quedan muy bien. También puedes añadir otras verduras al gusto como brócoli, rábano daikon, nabo, ñame, etc., y especias como pimienta de sichuán molida.

Maafe de verduras

Para 4 personas | **Tiempo de preparación: 45 minutos**

Ingredientes

½ cebolla

2 cucharadas de aceite de oliva

3 tomates de pera maduros

1 pimiento rojo grande

1,5 cucharadas de concentrado de tomate

3 patatas pequeñas (350 g)

1 zanahoria grande (200 g)

2 berenjenas grandes (500 g)

1 boniato mediano (200 g)

3 cucharadas de mantequilla de cacahuete

1 taza de agua

½ pastilla de caldo de verduras

Preparación

Lava las berenjenas, córtalas en cubos medianos y déjalas en reposo en un recipiente con abundante agua y una pizca de sal al menos media hora.

Calienta el aceite en una cacerola antiadherente a fuego medio.

Pica la cebolla y agrégala a la cacerola. Déjalo tapado.

Bate con la batidora los tomates y el pimiento hasta obtener una crema homogénea. Añadela a la cacerola y mézclalo todo bien. Agrega una pizca de sal, tápalo y deja que se cueza 10 minutos, removiendo ocasionalmente.

Pela las patatas y córtalas en trozos medianos.

Haz lo mismo con la zanahoria y el boniato.

Escurre las berenjenas.

Agrega todas las verduras junto con el concentrado de tomate y mézclalo bien.

Mezcla y deshaz la mantequilla de cacahuete en 1 taza de agua y añádelo a la cacerola.

Agrega también el caldo de verduras y 3 tazas más de agua. Mézclalo muy bien.

Deja que se cueza medio tapado hasta que las patatas estén tiernas (unos 25 minutos).

Sírvelo caliente sobre arroz cocido.

Puedes añadir otras verduras como brócoli, coles de Bruselas, ñame, yuca, repollo, coliflor, etc.

Alcachofas tikka masala

Para 4 personas | **Tiempo de preparación: 20 minutos + tiempos de reposo**

Ingredientes

Para las alcachofas

8 corazones de alcachofas grandes

3 cucharadas de yogur de soja natural sin azucarar

¼ de cucharadita de jengibre en polvo

⅛ de cucharadita de cilantro, de comino y sal

Para el tikka masala

2 cucharadas de aceite de oliva

¼ de cucharadita de semillas de comino

2 hojas de laurel

½ taza de almendras fileteadas (opcional)

¼ de cucharadita de pimentón dulce

3 tomates pelados

1,5 tazas de guisantes congelados

½ cucharadita de garam masala y de cúrcuma

¼ de cucharadita de sal

1 cucharada de almidón de maíz (maicena)

2 cucharadas de cilantro fresco picado o perejil

Preparación

Mezcla en un bol el yogur de soja con el jengibre, cilantro, comino y sal. Pon las alcachofas, mézclalo y déjalo reposar 30 minutos en la nevera.

Calienta el aceite de oliva en una sartén alta a fuego medio. Dora ligeramente las semillas de comino y añade el laurel y almendras.

Agrega las alcachofas y mézclalo bien.

Añade el pimentón y los tomates y machácalos con la cuchara de madera.

Agrega los guisantes y mézclalo bien.

Espolvorea con el garam masala, cúrcuma y sal y agrega 1,5 tazas de agua. Remuévelo y deja que se cueza 12-15 minutos, hasta que los guisantes estén tiernos.

Mezcla el almidón de maíz con 1/2 taza de agua, agrégalo a la sartén y remuévelo bien hasta que espese.

Retíralo del fuego y espolvorea con cilantro o perejil recién picado.

Sírvelo caliente con arroz basmati integral.

Si te falta alguna especia puedes omitirla, las más importantes para este plato son la cúrcuma y el garam masala.

Prueba a hacer esta misma receta utilizando coliflor en lugar de alcachofas, o habitas verdes en lugar de guisantes.

Berenjenas y shiitake en salsa de ajo

Para 2 personas | **Tiempo de preparación: 30 minutos + tiempos de reposo**

Ingredientes

3 berenjenas largas chinas

Una pizca de sal

1 cucharadita de vinagre

8 setas shiitake deshidratadas

2 cucharadas de aceite de oliva

4 dientes de ajo grandes

1 cucharadita de jengibre rallado

2 cebollas de primavera

¼ de cucharadita de azúcar moreno

3 cucharadas de salsa de soja

1 cucharada de vinagre de arroz

1 cucharadita de almidón de maíz (maicena)

½ cucharadita de semillas de sésamo tostadas

Preparación

Corta las berenjenas en trozos gruesos y déjalas en remojo al menos media hora en un bol con abundante agua, una pizca de sal y 1 cucharadita de vinagre.

Deja las setas shiitake en remojo en un bol con 2 tazas de agua caliente al menos media hora.

Cuece las berenjenas al vapor a fuego medio 7-8 minutos, lo justo hasta que estén tiernas pero no se deshagan.

Pela los ajos y quita los nervios. Pica los ajos bien finos. Pica finas las cebollas de primavera.

Calienta el aceite en una sartén antiadherente a fuego medio.

Dora ligeramente los ajos y el jengibre. Agrega las partes blancas de las cebollas de primavera.

Saca las setas shiitake pero reserva al menos ½ taza del agua en el que han reposado. Corta las setas por la mitad y añádelas a la sartén. Agrega una pizca de sal. Saltéalo todo junto.

Añade el azúcar moreno y las berenjenas y saltéalo todo junto 3-4 minutos.

Mezcla ½ taza del agua de las setas shiitake con la salsa de soja, vinagre y almidón de maíz y añádelo a la sartén. Mézclalo todo rápidamente. Retíralo del fuego cuando haya espesado.

Espolvorea por encima con las partes verdes de las cebollas de primavera y el sésamo y sírvelo.

Prueba a hacer esta receta con calabacines en lugar de berenjenas (no es necesario dejarlos en remojo).

• Brócoli y soja teriyaki

• • • Para 4 personas | **Tiempo de preparación: 20 minutos + tiempos de reposo**

Ingredientes

1 taza y ½ de soja texturizada oscura o "sabor ternera"

½ cebolla dulce grande (unos 175 g)

1 brócoli mediano, solo los floretes (unos 350 g)

una pizca de sal

3 cucharadas de aceite de oliva

¼ de taza de salsa teriyaki

1 cucharada de salsa de soja

¼ de cucharadita de pimienta de sichuán molida (opcional)

¼ de cucharadita de ajo en polvo

2 cucharadas de almidón de maíz (maicena)

Preparación

Deja en remojo la soja texturizada con abundante agua caliente hasta que se ablande.

Escúrrela y dórala en una sartén antiadherente con 2 cucharadas de aceite de oliva a fuego medio hasta que se dore un poco. Apártalo y resérvalo.

Corta la cebolla en trozos medianos y deshaz el brócoli en floretes.

Calienta 1 cucharada de aceite de oliva en una sartén grande antiadherente o un wok a fuego medio-alto y dora un par de minutos la cebolla. Agrega el brócoli y una pizca de sal y saltéalo todo junto 3-4 minutos.

Cuando empiece a dorarse el brócoli añade la soja texturizada, el ajo y la pimienta de sichuán y saltéalo todo junto unos minutos más.

Añade la salsa de soja y la teriyaki y mézclalo todo rápidamente.

Mezcla el almidón de maíz con 1 taza de agua y añádelo a la sartén. Baja un poco el fuego y remuévelo rápidamente.

Apártalo cuando el caldo haya espesado y esté meloso.

Sírvelo caliente acompañado de arroz o pasta.

Se puede hacer con soja texturizada gruesa normal, tendrás que dejarla marinar con salsa de soja y especias (la oscura es así porque ya viene condimentada).

• *¿Sabías que el brócoli es una excelente fuente de calcio y además de muy buena asimilación?*

Tofu agridulce

Para 4 personas | Tiempo de preparación: 30 minutos | **+ Rico en calcio**

Ingredientes

Para el tofu

500 g de tofu duro

4 cucharadas de salsa de soja

2 cucharadas de vinagre de arroz

1 diente de ajo picado muy fino

¼ de cucharadita de 5 especias chinas

Una pizca de sal

¾ de taza de agua, almidón de patata y de harina de arroz

Aceite de oliva

½ pimiento verde

4 pimientos picantes pequeños o ½ pimiento rojo

1 seta de cardo fresca o 2 shiitakes grandes

1 cebolla de primavera

Para la salsa

50 ml de vinagre de arroz

40 ml de vinagre de manzana

4 cucharadas de ketchup

1 cucharadita de azúcar moreno

2 cucharaditas de azúcar blanco

1 cucharada de salsa de soja

2 tazas de agua

1,5 cucharaditas de almidón de maíz (maicena)

Preparación

Corta el tofu en cubitos medianos (unos 2,5 cm de lado).

Mezcla en un envase o en una fuente pequeña la salsa de soja, vinagre de arroz, 5 especias chinas, agua y ajo y mete los cubitos dentro. Si es necesario añade un poquito más de agua hasta cubrirlos. Tápalo y déjalo en la nevera al menos 1 hora.

Para hacer la salsa pon una cacerola pequeña a fuego medio-alto. Vierte los vinagres y los azúcares y mézclalo bien. Después el ketchup y la salsa de soja y mézclalo. Cuando empiece a hacer burbujitas añade 1,5 tazas de agua y deja que hierva, removiendo ocasionalmente.

Mezcla el almidón de maíz con media taza de agua y añádelo al cacito cuando lleve 1 minuto hirviendo. Remuévelo rápidamente y apártalo del fuego cuando empiece a espesar.

Mezcla los almidones en un plato hondo. Calienta un poco de aceite en una sartén mediana antiadherente (lo justo para cubrir el fondo) a fuego medio-alto.

Pasa los cubitos de tofu por la mezcla de almidones y dóralos a la sartén 3-5 minutos, dándoles la vuelta de vez en cuando, hasta que se doren bien y el rebozado quede crujiente.

Sácalos a un plato con papel de cocina absorbente.

Corta el pimiento en trozos medianos y la seta en lonchas finas. Pica la cebolla de primavera.

Calienta 1 cucharada de aceite de oliva en una sartén mediana a fuego medio-alto y dora primero la seta y después añade los pimientos y la parte blanca de la cebolla de primavera. Espolvorea con una pizca de sal. Saltéalo todo junto 2-3 minutos y mézclalo con el tofu en un bol para servir.

Sírvelo caliente mezclado con la salsa o con esta aparte.

Puedes hacer lo mismo con tempeh, seitán o verduras, por ejemplo brócoli, zanahoria, coliflor, calabacín, cebolla, etc., o una mezcla de verduras. También puedes usar, en lugar del tofu, alguno de los sustitutos de carne comerciales que venden.

• Fatteh de garbanzos con koftas de espinacas

• • • Para 4 personas | Tiempo de preparación: 30 minutos + tiempos de reposo **+ Rico en calcio**

Ingredientes

Para las koftas de espinacas

1 patata cocida pequeña (unos 220 g)

1 taza de espinacas congeladas (unos 175 g)

2 cucharadas de almidón de maíz (maicena)

1 cucharada de aceite de oliva

¼ de cucharadita de semillas de comino

1 diente de ajo picado muy fino

Una pizca de sal

Aceite de oliva o de girasol para freír

Para los fatteh de garbanzos

2 tazas de garbanzos cocidos y escurridos

2 panes de pita integrales

½ cucharadita de semillas de cominos

1 cucharada de aceite de oliva

1 hoja de laurel

Una pizca de sal

Para la crema

200 g de yogur de soja natural sin azucarar

2 cucharadas de tahini blanco

1 cucharada de zumo de limón

½ diente de ajo picado muy fino

¼ de cucharadita de sal

50 g de frutos secos picados (nueces, almendras, pistachos, piñones)

2 cucharadas de perejil fresco picado

1 cucharada de cilantro fresco picado

½ cucharadita de pimentón ahumado

Preparación

Pon las espinacas en una cacerola antiadherente a fuego medio con 1 cucharada de aceite de oliva y tápalo. Remuévelo de vez en cuando hasta que se deshagan. Añade entonces los cominos, ajo y sal y deja que se evapore el líquido.

Deja que se temple.

En un bol machaca la patata pelada con un tenedor. Añade las espinacas y mézclalo bien. Agrega el almidón de maíz y una pizca más de sal y mézclalo hasta conseguir una masa consistente. Tápalo y déjalo en la nevera al menos media hora.

Calienta aceite en una cacerola a fuego medio-alto (175 ºC). Forma las koftas con 1 cucharada de masa y ve dejándolas en la cacerola cuando el aceite esté caliente. Mete solo las que quepan, por tandas, y deja que se doren 2-3 minutos, moviéndolas de vez en cuando. Sácalas a un plato con papel de cocina absorbente.

Corta las pitas en triángulos pequeños y dóralas a la sartén, sin aceite, a fuego medio, hasta que veas que empiezan a quedar secas y crujientes, salteándolas ocasionalmente (serán 3-5 minutos).

Calienta 1 cucharada de aceite en una sartén grande antiadherente a fuego medio. Tuesta unos segundos las semillas de comino y el laurel y añade los garbanzos. Tápalo y deja que se hagan 3-4 minutos, hasta que empiecen a dorarse, salteándolo de vez en cuando.

Pasa los garbanzos a una fuente para servir y mézclalos con las pitas.

Bate a mano en un bol los yogures de soja, tahini, limón, ajo y sal hasta que quede una crema suave. Vierte esta crema sobre los garbanzos y pitas, espolvorea por encima con los frutos secos, perejil, cilantro y pimentón y coloca las koftas.

Sírvelo templado.

Puedes hacer solo las koftas para servir como aperitivo o tapa. Y ern lugar de espinacas puedes usar grelos, hojas de remolacha, acelgas u otras verduras. Sírvelas con labneh para acompañar.

CAPÍTULO 7

• Dulces y postres

Tortitas de trigo y arroz

Para 10-12 tortitas | **Tiempo de preparación: 30 minutos**

Ingredientes

80 g de harina de trigo normal

80 g de harina de arroz

30 g de almidón de maíz (maicena)

150 ml de bebida de soja o de almendras

200 ml de agua

2 cucharadas de azúcar

1 cucharada de margarina vegetal o aceite de oliva suave

1 cucharadita de esencia de ron o de vainilla

1 cucharadita de levadura de repostería

1 cucharadita de aceite de oliva para la sartén

Preparación

Pon todos los ingredientes en la batidora y bátelo hasta obtener una crema suave y homogénea.

Calienta una sartén antiadherente a fuego medio-bajo. Pon 1 cucharadita de aceite y extiéndela con un trocito de papel de cocina doblado.

Pon en el centro 1 cacito de masa (aprox. 4 cucharadas) y deja que se dore 1-2 minutos, hasta que la superficie se llene de burbujitas y se pueda levantar bien con una espátula. Dale la vuelta y hazla 1-2 minutos más. Sácala a un plato. Repite la operación con el resto de masa.

Sírvelas calientes o frías con frutas y siropes para acompañar.

Esta misma receta se puede hacer cambiando la harina de trigo normal por integral o cualquier otra harina (de trigo sarraceno, espelta, avena, quinoa, mijo, etc) y añadiendo 50 ml más de agua.

Empanaditas de melocotón y arándanos

Para 20-25 empanaditas | **Tiempo de preparación: 30 minutos**

Ingredientes

2 placas de masa brisa (sin huevos ni lácteos ni grasas animales)

1 melocotón maduro grande

1 cucharada de azúcar avainillado

1 cucharadita de ralladura de limón

2 cucharadas de almendras molidas

75 g de arándanos

Preparación

Pela el melocotón y pícalo bien fino. Ponlo en un bol con el azúcar vainillado, ralladura de limón y almendras molidas y mézclalo bien.

Pica o corta en cuartos los arándanos y mézclalos con el melocotón.

Precalienta el horno a 200 ºC con calor arriba y abajo.

Corta la masa brisa en círculos de unos 8 cm de diámetro. Pon en el centro 1,5-2 cucharaditas de relleno y ciérralos apretando los bordes con las púas de un tenedor. Hazles un par de cortes en la parte superior con la punta de un cuchillo.

Pon las empanaditas en una bandeja de horno con papel para hornear (las que quepan, hazlas por tandas) y hornéalas a altura media 15-18 minutos o hasta que la masa esté dorada.

Sácalas y deja que se enfríen sobre una rejilla.

Puedes hacer las empanaditas con hojaldre o con masa de pizza refrigerada. También puedes usar otras frutas al gusto, como albaricoques, paraguayos, manzana, pera, fresas, frambuesas, gajos de mandarina, membrillo, etc.

Galletas de chocolate con nueces

Para 24-30 galletas | **Tiempo de preparación: 35 minutos**

Ingredientes

200 g de harina de trigo integral

90 g de margarina vegetal

90 g de azúcar moreno

25 g de almidón de maíz (maicena)

80 ml de bebida de soja o de almendras

3 g de extracto de vainilla

4 g de levadura de repostería

150 g de chocolate negro sin lácteos (75 % de cacao)

100 g de nueces picadas

15 g de cacao puro en polvo (opcional)

Preparación

Pica el chocolate en trocitos y derrítelo al baño maría a fuego lento-medio.

Prepara una bandeja de horno con papel para hornear.

Precalienta el horno a 190 ºC.

Bate en un bol la margarina con el azúcar moreno hasta formar una pasta suave y esponjosa. Añade el almidón de maíz y la vainilla y sigue batiendo. Agrega el cacao en polvo y la mitad de la bebida vegetal y sigue batiendo.

Añade la mitad de la harina y mézclalo muy bien.

Vierte el chocolate derretido y mézclalo todo, batiendo muy bien.

Agrega las nueces, el resto de bebida vegetal, de la harina y la levadura y bátelo muy bien hasta obtener una masa homogénea.

Ve tomando porciones de 1 cucharada o 1 cucharada y media de masa y dejándolas sobre la bandeja de horno, con una separación entre ellas. Aplástalas un poquito con un tenedor y procura que tengan una forma más o menos redonda y que no sean muy gruesas (1 cm como mucho).

Llena otra bandeja con el resto de la masa.

Mételo al horno a altura media, a 190 ºC con calor arriba y abajo, 14-16 minutos, o hasta que las galletas se hayan extendido un poco y estén ligeramente doradas por arriba.

Sácalas y deja que se enfríen sobre una rejilla.

Puedes hacerlas con aceite en lugar de margarina vegetal añadiendo 80 g de aceite y 1 cucharada más de bebida vegetal. También puedes sustituir el azúcar moreno por 3-4 dátiles medjool (quítales el hueso, déjalos en remojo hasta que estén blandos, escúrrelos y bátelos con la batidora) y añadiendo una pizca más de harina si fuese necesario.

Petit suisse de fresa

Para 6-8 petits suisses | **Tiempo de preparación: 15 minutos**

Ingredientes

¾ de taza de labneh (preparado sin sal ni limón)

½ taza de nata de coco o nata vegana para montar

75 g de fresas maduras

Preparación

Primero deja todos los ingredientes en la nevera para que estén bien fríos antes de empezar.

Lava las fresas, quita las hojas, córtalas en trozos y bátelo con la batidora hasta obtener un puré fino. Cuélalo con un colador fino para que no queden pepitas. Guárdalo en la nevera.

Monta la nata de coco con el accesorio de varillas de la batidora.

Añade el queso de yogur y bátelo todo junto.

Agrega poco a poco el puré de fresas sin dejar de batir.

Sírvelo frío.

Para hacer la nata de coco deja una lata de leche de coco abierta en la nevera al menos 12 horas. Saca con una cuchara únicamente los sólidos, que quedarán en la parte de arriba de la lata, y bátelos con el montaclaras o batidor de varillas de la batidora hasta que monte (serán unos 3 minutos). Déjalo en la nevera hasta el momento de usar.

Semifreddo de albaricoque

Para 8-10 personas | **Tiempo de preparación: 30 minutos + tiempos de reposo**

Ingredientes

Para el helado de albaricoque

10 albaricoques maduros

1 cucharada de azúcar

1 taza de bebida de soja

1 cucharada de almidón de tapioca o de patata

¾ de taza de nata vegana para montar

Aprox. 75 g de pistachos pelados

Para el merengue italiano

La mitad del líquido de 1 bote de garbanzos

1 cucharada de azúcar glacé

2 cucharadas de azúcar

60 ml de agua

Preparación

Para hacer el helado pela 5 albaricoques, córtalos en trozos y bátelos con la batidora junto con el azúcar hasta obtener un puré fino.

Pela también los otros 5 albaricoques y pícalos en trozos pequeños. Resérvalos en la nevera.

Ponlo en un cazo a fuego medio-alto y mézclalo con media taza de bebida de soja.

Cuando empiece a hervir baja un poco el fuego. Disuelve el almidón en otra media taza de bebida de soja y añádelo al cazo. Remueve rápidamente y cuécelo, sin dejar de remover, hasta que tenga la consistencia, más o menos, de unas natillas.

Deja que se temple y mételo en la nevera.

Monta la nata de soja y sin dejar de batir añade poco a poco el gel de albaricoques que habíamos hecho hasta que se forme una crema montada homogénea. Pasa la mezcla a la heladera eléctrica y deja que se haga el helado 10 minutos.

Bate el agua de los garbanzos a velocidad alta 5 minutos y a velocidad máxima 5 minutos más, con el accesorio de varillas de la batidora. Cuando esté casi montado añade el azúcar glacé y sigue batiendo.

Mientras se hace el merengue pon a hervir en un cazo a fuego fuerte el agua y el azúcar. Cuando entre en ebullición bájalo a fuego medio. Retíralo cuando empiece a tomar un color ámbar y tenga aspecto de sirope (serán 6-8 minutos).

Vuelve a batir el merengue añadiendo poco a poco el sirope recién hecho.

Saca el helado a un bol grande y añade los pistachos y los albaricoques picados. Añade poco a poco el merengue, mezclando suavemente con una espátula de silicona, hasta que esté todo bien mezclado.

Pásalo a un par de moldes rectangulares medianos, tápalo con film transparente y déjalo en el congelador un par de horas antes de servir (no tiene que estar completamente congelado como un helado).

En esta receta explico cómo hacer un merengue italiano con el agua de un bote de garbanzos. Puedes hacer merengue francés de la misma manera pero añadiendo azúcar glacé en lugar del caramelo. Se puede estabilizar añadiendo una pizca (⅛ de cucharadita) de cremor tártaro o 1 cucharadita de zumo de limón. Este merengue de garbanzos queda igual que el tradicional y se puede usar perfectamente para sustituir las claras de huevo en cualquier preparación.

Puedes hacer este mismo semifreddo con otras frutas como melocotón, nectarina, piña, ciruelas, fresas, cerezas, etc.

Soletillas de limón

Para 20-24 soletillas | **Tiempo de preparación: 30 minutos**

Ingredientes

60 g de aceite de oliva suave o aceite de girasol

50 g de azúcar blanco

20 g de azúcar moreno

50 g de almidón de maíz (maicena)

1 cucharadita de ralladura de limón

150 ml de bebida de soja (u otra bebida vegetal)

175 g de harina de trigo normal

5 g de levadura de repostería

Preparación

Precalienta el horno a 180 ºC con calor arriba y abajo.

Coloca una lámina de papel para hornear en una bandeja para horno.

Mezcla en un bol el aceite, azúcares, almidón y ralladura de limón y bátelo a mano con un batidor de varillas hasta obtener una mezcla cremosa.

Mezcla en un bol aparte la harina de trigo y la levadura de repostería.

Ve añadiendo al primer bol, poco a poco, la harina y la bebida de soja, por tandas, sin dejar de batir, hasta obtener una masa cremosa, homogénea y que más o menos mantenga la forma.

Pasa la masa a una manga pastelera con una boquilla redonda grande y forma churros de masa sobre la bandeja para horno, procurando mantener la boquilla cerca de la bandeja, así saldrán con la forma deseada. Deja un poco de espacio entre cada soletilla porque crecerán en el horno.

Espolvorea con un poquito de azúcar por encima de las soletillas y mételo al horno, a 180 ºC durante 12-15 minutos, hasta que veas que han crecido, la superficie se ha agrietado un poquito y se han dorado ligeramente.

Sácalas y deja que se enfríen sobre una rejilla.

Puedes hacer estas soletillas con ralladura de naranja u otros sabores, como vainilla, azahar o rosas.

Tiramisú de fresa

Para 8-10 porciones | **Tiempo de preparación: 30 minutos + tiempos de reposo**

Ingredientes

1 receta de soletillas (20-24)

2 recetas de labneh

¾ de taza de nata vegana para montar

175 g de fresas maduras

50 g de pistachos

1 taza de bebida de soja o de almendras

¼ de cucharadita de esencia de ron o de vainilla

Preparación

Prepara un molde cuadrado o rectangular mediano.

Quita las hojas de las fresas y bátelas con la batidora hasta obtener un puré fino. Cuélalo para que no tenga pepitas y déjalo en la nevera.

Monta la nata vegana con el accesorio de varillas de la batidora. Añade el labneh y móntalo todo junto. Sin dejar de batir añade el puré de fresas poco a poco hasta obtener una crema montada rosa. Tápalo y déjalo en la nevera.

Pela los pistachos y muélelos con un molinillo de café o machácalos con un mortero.

En un plato pon la bebida vegetal y la esencia de ron o de vainilla.

Moja las soletillas, una a una, en la bebida vegetal y ve colocándolas en el molde para hacer una primera capa de soletillas.

Encima extiende una capa de queso vegano con fresas y repite la operación.

Déjalo en la nevera al menos 1 hora antes de servir.

Espolvorea con los pistachos en el momento de servir.

Esta es una versión con fresas del tradicional, que se hace sin fresas, mojando las soletillas en café y añadiendo cacao en polvo por encima.

Magdalenas de vainilla con chips de chocolate

Para 12 magdalenas | **Tiempo de preparación: 40 minutos**

Ingredientes

200 g de harina de trigo normal

6 g de levadura de repostería

40 g de almidón de maíz (maicena)

60 g de azúcar

50 g de margarina vegetal

250 ml de bebida de soja

1 cucharadita de esencia de vainilla

100 g de pepitas de chocolate negro sin lácteos

Preparación

Precalienta el horno a 180ºC con calor arriba y abajo.

Pon papeles para magdalenas en una bandeja para 12 magdalenas normales.

Mezcla en un bol la harina de trigo con la levadura.

Bate la margarina con el azúcar a mano hasta obtener una crema esponjosa. Agrega la vainilla y el almidón de maíz y sigue batiendo.

Añade poco a poco y alternando la bebida de soja y la harina con levadura, sin dejar de batir, hasta obtener una crema homogénea, esponjosa y suave. Agrega las pepitas de chocolate y mézclalo bien.

Reparte la masa en los papeles de magdalena, llenándolos hasta las 3/4 partes de su capacidad.

Hornéalo a 180ºC a altura media, con calor arriba y abajo, 20 minutos o hasta que hayan crecido y estén hechos (se puede comprobar clavando un palillo).

Sácalos y deja que se enfríen antes de servirlos.

Se puede hacer con harina de trigo integral, basta con sustituir la harina de trigo normal por la integral y añadir 50 ml más de bebida de soja.

Tarta de moras con frangipan

Para 6-8 personas | Tiempo de preparación: 45 minutos + tiempos de reposo | **Rico en calcio**

Ingredientes

Para la masa

1 placa de masa brisa

Unas moras para decorar

4-5 cucharadas de almendras laminadas

Para el frangipan

40 g de margarina vegetal

30 g de azúcar

90 g de almendras molidas

1/2 taza de bebida de soja

1,5 cucharadas de almidón de maíz

3-4 cucharadas de almendras laminadas

Para la crema de moras

2 tazas de bebida de soja

2 cucharadas de azúcar

10-12 moras maduras

La ralladura de 1 limón

1,5 cucharadas de maicena

Preparación

Pon en una cacerola las moras con el azúcar a fuego medio y remuévelo hasta que empiecen a deshacerse. Agrega 1 taza de bebida de soja y la ralladura de limón.

Cuando empiece a hervir mezcla el almidón de maíz con 1 taza de bebida de soja y añádelo. Mézclalo bien y ponlo a fuego lento, sin dejar de remover, hasta que se forme una crema espesa (como natillas).

Apártalo del fuego.

Bate en un bol la margarina con el azúcar hasta que esté esponjoso. Agrega las almendras molidas y sigue batiendo. Añade poco a poco la bebida de soja y el almidón sin dejar de batir. Por último agrega las almendras laminadas y mézclalo bien.

Precalienta el horno a 200 ºC

Extiende la masa brisa en un molde rectangular o redondo mediano y recorta los bordes.

Hornéalo a 200 ºC, a altura media, con calor arriba y abajo, 10 minutos o hasta que veas que se empieza a dorar la masa.

Pon el horno a 200 ºC con calor solo por arriba.

Saca la masa y pon primero la crema de moras. Vierte por encima la mezcla de frangipan y espolvorea con almendras laminadas.

Hornéalo 10 minutos o hasta que se dore el frangipan.

Sácalo y deja que se enfríe antes de servirlo. Decóralo con unas moras frescas.

Puedes usar frambuesas, arándanos, grosellas, fresas, cerezas o ciruelas, que quedarán muy bien también. Si quieres aroma y textura extra, añade al frangipan un plátano batido.

Bizcocho de chocolate con avellanas

Para 6-8 personas | **Tiempo de preparación: 60 minutos**

Ingredientes

75 g de avellanas peladas

4 cucharadas de agua

150 ml de bebida de soja

1 yogur de soja sabor natural sin azucarar

50 g de chocolate negro sin lácteos

4 cucharadas de sirope de arce o de agave

20 g de cacao puro en polvo

175 g de harina de trigo normal

1,5 cucharaditas de levadura de repostería

¼ de cucharadita de bicarbonato

2 cucharadas de aceite de oliva

½ taza de pepitas de chocolate negro sin lácteos

¼ de taza de avellanas picadas (opcional)

Preparación

Pica el chocolate negro y derrítelo al baño maría a fuego lento, removiendo de vez en cuando. Apártalo del fuego.

Pon las avellanas en la batidora y bátelas 5-7 minutos a velocidad alta, añadiendo 1 cucharada de agua cada vez que pares para recoger lo que queda en las paredes de la batidora y seguir batiendo. Añade el aceite y bátelo 1 minuto más. Nos quedará una pasta de avellana sin trocitos.

Precalienta el horno a 180 ºC con calor arriba y abajo.

Forra un molde mediano con papel para hornear o úntalo con una fina capa de aceite y espolvorea con harina.

Añade el yogur y la bebida de soja sin dejar de batir, el sirope de arce y el chocolate derretido.

Mezcla la harina con el cacao, levadura y bicarbonato y añádelo todo poco a poco mientras bates a velocidad lenta o a mano.

Agrega por último las pepitas de chocolate y mézclalo con una espátula de silicona o una cuchara.

Vierte la mezcla en el molde y hornéalo a 180 ºC, a altura media, con calor arriba y abajo, 50 minutos o hasta que al pincharlo con una brocheta esta salga sin masa pegada. No abras el horno hasta que no pasen al menos 40 minutos.

Déjalo enfriar y desmóldalo cuando esté casi frío del todo.

Puedes hacer este bizcocho con harina integral de trigo o de centeno añadiendo 50 ml más de bebida vegetal.

Datos nutricionales de las recetas

Las valoraciones nutricionales presentes en la siguiente lista son según las tablas de la USDA. En casos concretos se ha usado algún producto genérico habitual en supermercados españoles.

Valores por ración, salvo que venga otra indicación.

Labneh, *pág. 26*

Kcal 51,1
HC (g) 2
Proteínas (g) 4,6
Grasas (g) 2,7
Fibra (g) 0
Hierro (mg) s/d
Calcio (mg) 120,1
Calculado con yogur enriquecido en Ca, ración = ¼ de receta

Dip de berenjena, *pág. 30*

Kcal 137,1
HC (g) 8,1
Proteínas (g) 4,2
Grasas (g) 10,8
Fibra (g) 3,3
Hierro (mg) 0,5
Calcio (mg) 68,5
Calculada por una ración, si hacemos seis

Paté de tomates secos y garbanzos, *pág. 34*

Kcal 91,5
HC (g) 10,7
Proteínas (g) 4,4
Grasas (g) 4,1
Fibra (g) 2,6
Hierro (mg) 1,1
Calcio (mg) 67,2

Paté de lentejas y nueces, *pág. 28*

Kcal 106,2
HC (g) 8,1
Proteínas (g) 4,2
Grasas (g) 6,8
Fibra (g) 2,8
Hierro (mg) 1,2
Calcio (mg) 46,1
Calculado con bebida de soja enriquecida en Ca, ración = 1/8 de receta

Muhammara, *pág. 32*

Kcal 195,7
HC (g) 16,4
Proteínas (g) 5
Grasas (g) 13,6
Fibra (g) 3
Hierro (mg) 1,3
Calcio (mg) 44
Calculado por una ración, si hacemos 4, sin decoración

Dip de calabacín asado, *pág. 36*

Kcal 105,5
HC (g) 11,7
Proteínas (g) 4,8
Grasas (g) 5
Fibra (g) 2,5
Hierro (mg) 1,1
Calcio (mg) 43,3
Calculado por una ración, si hacemos 4

Salsa de tomate casera, *pág. 38*

Kcal 129
HC (g) 14,5
Proteínas (g) 3
Grasas (g) 7,5
Fibra (g) 3,1
Hierro (mg) 1,4
Calcio (mg) 37,3

Sopa de hummus, *pág. 44*

Kcal 332,6
HC (g) 46,3
Proteínas (g) 15
Grasas (g) 11,2
Fibra (g) 6,9
Hierro (mg) 4,3
Calcio (mg) 147
Calculado con bebida de soja enriquecida en Ca

Crema de calabacín y puerro, *pág. 48*

Kcal 135,3
HC (g) 12,5
Proteínas (g) 5,2
Grasas (g) 8,3
Fibra (g) 3,1
Hierro (mg) 1,8
Calcio (mg) 113,2
Calculado con bebida de soja enriquecida en Ca, brotes de alfalfa y levadura

Sopa de miso, *pág. 52*

Kcal 376,8
HC (g) 31,7
Proteínas (g) 22,2
Grasas (g) 20,8
Fibra (g) 8,3
Hierro (mg) 9,1
Calcio (mg) 605,5
Calculado con el tofu frito y cuajado con sales de calcio

Crema de habitas y guisantes, *pág. 56*

Kcal 213,8
HC (g) 26,2
Proteínas (g) 6,2
Grasas (g) 10,3
Fibra (g) 4,2
Hierro (mg) 1,6
Calcio (mg) 142,5
Calculado con bebida de soja enriquecida en Ca y crema de coco

Minestrone, *pág. 60*

Kcal 204,5
HC (g) 34,2
Proteínas (g) 8,4
Grasas (g) 5,4
Fibra (g) 7,8
Hierro (mg) 2,8
Calcio (mg) 64,7
Calculado con salsa de tomate (no frito) y habitas

Crema de zanahoria, *pág. 42*

Kcal 133,8
HC (g) 15,6
Proteínas (g) 1,9
Grasas (g) 7,8
Fibra (g) 3,7
Hierro (mg) 0,9
Calcio (mg) 99,2

Crema de lentejas rojas y boniato, *pág. 46*

Kcal 271
HC (g) 43,5
Proteínas (g) 13,9
Grasas (g) 5,3
Fibra (g) 7,3
Hierro (mg) 4,2
Calcio (mg) 104,7
Calculado con bebida de soja enriquecida en Ca

Crema de champiñones con arroz salvaje, *pág. 50*

Kcal 183,2
HC (g) 30,7
Proteínas (g) 7,5
Grasas (g) 4,3
Fibra (g) 3,5
Hierro (mg) 1,2
Calcio (mg) 79

Crema de patata y macadamia, *pág. 54*

Kcal 347,7
HC (g) 28,2
Proteínas (g) 6,9
Grasas (g) 24,8
Fibra (g) 4,9
Hierro (mg) 2,1
Calcio (mg) 153,9
Calculado con bebida de soja enriquecida en Ca

Sopa de tomate y maíz, *pág. 58*

Kcal 217,9
HC (g) 34,5
Proteínas (g) 6,2
Grasas (g) 8,5
Fibra (g) 5,2
Hierro (mg) 2,1
Calcio (mg) 50,3

Calabacines en vinagre, *pág. 64*

Kcal 150,2
HC (g) 5
Proteínas (g) 1,6
Grasas (g) 13,3
Fibra (g) 1,2
Hierro (mg) 0,8
Calcio (mg) 32,2

Tortilla de patatas sin huevos, *pág. 66*

Kcal 183,3
HC (g) 27,2
Proteínas (g) 5,6
Grasas (g) 5,9
Fibra (g) 3,6
Hierro (mg) 1,2
Calcio (mg) 40

Croquetas de verduras, *pág. 68*

Kcal 208,5
HC (g) 12,4
Proteínas (g) 5,5
Grasas (g) 15,8
Fibra (g) 2,4
Hierro (mg) 1,3
Calcio (mg) 161,7
Calculado haciéndolas fritas en aceite de oliva, con bebida de soja enriquecida en calcio, por 4 unidades si hacemos 20

Empanadillas de ratatouille, *pág. 70*

Kcal 97,2
HC (g) 16,1
Proteínas (g) 2
Grasas (g) 3,3
Fibra (g) 2,6
Hierro (mg) 0,7
Calcio (mg) 15
Calculado haciéndolas al horno, por 2 unidades

Patatas al grill especiadas, *pág. 72*

Kcal 143,2
HC (g) 25,9
Proteínas (g) 2,5
Grasas (g) 3,6
Fibra (g) 4,1
Hierro (mg) 0,9
Calcio (mg) 47,5
Calculado por un cuarto de receta, por una ración si hacemos 4

Verduras rebozadas, *pág. 74*

Kcal 327,1
HC (g) 46,6
Proteínas (g) 9,1
Grasas (g) 14,9
Fibra (g) 10,2
Hierro (mg) 2
Calcio (mg) 60,4
Calculado frito en aceite de oliva

Tortitas de calabacín y maíz, *pág. 76*

Kcal 131,1
HC (g) 20,5
Proteínas (g) 3,6
Grasas (g) 4,9
Fibra (g) 3,1
Hierro (mg) 1
Calcio (mg) 26,7
Calculado con maicena, por 3 tortitas si hacemos 20

Rollitos frescos, *pág. 78*

Kcal 168,5
HC (g) 30,5
Proteínas (g) 4,9
Grasas (g) 3,6
Fibra (g) 2,9
Hierro (mg) 0,8
Calcio (mg) 19,4
Calculado con brotes de alfalfa, por dos rollitos

Rollitos de col china con avena y frutos secos, *pág. 80*

Kcal 104
HC (g) 16,5
Proteínas (g) 7,1
Grasas (g) 5
Fibra (g) 5
Hierro (mg) 2,1
Calcio (mg) 86,5
Calculado por dos rollitos si hacemos 10

Brochetas de tempeh con barbacoa de tomate, *pág. 82*

Kcal 317,5
HC (g) 16,8
Proteínas (g) 24,1
Grasas (g) 19,6
Fibra (g) 0,4
Hierro (mg) 3,8
Calcio (mg) 148
Calculado para dos brochetas, haciendo 8 con la receta

Falafel, *pág. 84*

Kcal 201,2
HC (g) 13,9
Proteínas (g) 4,4
Grasas (g) 14,8
Fibra (g) 2,5
Hierro (mg) 1,4
Calcio (mg) 24
Calculados fritos en aceite de oliva, por 4 unidades si salen 40

Gyozas mediterráneas, *pág. 86*

Kcal 173,6
HC (g) 27,2
Proteínas (g) 7,6
Grasas (g) 3,8
Fibra (g) 2,4
Hierro (mg) 1,5
Calcio (mg) 34,8
Calculado por 4 gyozas si hacemos 25

Rollitos de brócoli cremoso, *pág. 88*

Kcal 170
HC (g) 30,5
Proteínas (g) 2,7
Grasas (g) 4,1
Fibra (g) 3,9
Hierro (mg) 0,8
Calcio (mg) 104,8
Calculado con bebida de almendra sin azúcar, por 2 rollitos si hacemos 12

Ensalada de berenjenas con miso, *pág. 92*

Kcal 183,5
HC (g) 28,5
Proteínas (g) 5,6
Grasas (g) 6,9
Fibra (g) 11
Hierro (mg) 2
Calcio (mg) 86

Ensalada de patata con veganesa de aguacate y lima, *pág. 96*

Kcal 239
HC (g) 46,3
Proteínas (g) 7,2
Grasas (g) 4,8
Fibra (g) 8,1
Hierro (mg) 2,5
Calcio (mg) 130

Ensalada de garbanzos, champiñones y rúcula, *pág. 100*

Kcal 189,1
HC (g) 26,1
Proteínas (g) 9
Grasas (g) 6,4
Fibra (g) 7,3
Hierro (mg) 1,7
Calcio (mg) 62,8
Calculado con salsa de tomate (no tomate frito)

Pizza barbacoa, *pág. 104*

Kcal 918,4
HC (g) 125,1
Proteínas (g) 41,2
Grasas (g) 30
Fibra (g) 16,9
Hierro (mg) 8,8
Calcio (mg) 169,7
Calculado por una pizza

Focaccia de olivas, *pág. 108*

Kcal 265,6
HC (g) 45,9
Proteínas (g) 8,8
Grasas (g) 7,1
Fibra (g) 7,3
Hierro (mg) 2,5
Calcio (mg) 29,2
Contando también 50 g de harina para amasar

Milanesas de avena y semillas al pesto de brócoli, *pág. 112*

Kcal 334,7
HC (g) 36,6
Proteínas (g) 10,4
Grasas (g) 17,3
Fibra (g) 6,4
Hierro (mg) 2,7
Calcio (mg) 93
Calculado a la sartén con aceite de oliva, por 1 milanesa si hacemos 10

Ensalada de pepino y calabacín con lentejas germinadas, *pág. 94*

Kcal 284,6
HC (g) 23,6
Proteínas (g) 10
Grasas (g) 19,9
Fibra (g) 4,5
Hierro (mg) 3,5
Calcio (mg) 98,3
Calculado con 100 g calabacín en vinagre

Ensalada picante de pepino y algas, *pág. 98*

Kcal 46,7
HC (g) 5,6
Proteínas (g) 2,4
Grasas (g) 2
Fibra (g) 2
Hierro (mg) 1,4
Calcio (mg) 83,2

Judías verdes con gremolata de nueces, *pág. 102*

Kcal 136,9
HC (g) 10,8
Proteínas (g) 3,2
Grasas (g) 10,3
Fibra (g) 4,5
Hierro (mg) 1,3
Calcio (mg) 66,1

Pizza de verduras, *pág. 106*

Kcal 668
HC (g) 115,7
Proteínas (g) 20,7
Grasas (g) 16,4
Fibra (g) 14
Hierro (mg) 6,3
Calcio (mg) 86,1
Calculado con harina integral, por una pizza

Hamburguesas de judías negras, *pág. 110*

Kcal 241,7
HC (g) 15,8
Proteínas (g) 10,1
Grasas (g) 16,5
Fibra (g) 5,3
Hierro (mg) 2,1
Calcio (mg) 54,1
Calculado con bebida de soja enriquecida en Ca, por 1 hamburguesa si hacemos 6

Hojaldre de tomates y calabacines, *pág. 114*

Kcal 554,4
HC (g) 48,4
Proteínas (g) 10,1
Grasas (g) 37,6
Fibra (g) 5,1
Hierro (mg) 3,4
Calcio (mg) 67,6
Calculado con nata de soja y placa de hojaldre de supermercado sin ingredientes de origen animal

Moussaka de setas, *pág. 116*

Kcal 349,8
HC (g) 46,6
Proteínas (g) 11,9
Grasas (g) 16
Fibra (g) 12,9
Hierro (mg) 2,7
Calcio (mg) 124,9
Calculada con bebida de soja enriquecida en Ca

Pastel de verduras y soja texturizada, *pág. 120*

Kcal 688,3
HC (g) 73,9
Proteínas (g) 23,1
Grasas (g) 35,1
Fibra (g) 11,9
Hierro (mg) 6,2
Calcio (mg) 118
Calculado con hojaldre de supermercado sin ingredientes de origen animal

Quiche de espinacas, setas y guisantes, *pág. 124*

Kcal 348,9
HC (g) 60,7
Proteínas (g) 14,1
Grasas (g) 7,4
Fibra (g) 13,1
Hierro (mg) 3,8
Calcio (mg) 89,9
Calculado con patata

Cuscús con verduras al vapor y garbanzos tostados, *pág. 130*

Kcal 398,3
HC (g) 59,2
Proteínas (g) 13,8
Grasas (g) 13,1
Fibra (g) 9,8
Hierro (mg) 2,6
Calcio (mg) 119,4

Paella de verduras, *pág. 134*

Kcal 632,3
HC (g) 114,3
Proteínas (g) 19,2
Grasas (g) 11,7
Fibra (g) 16,4
Hierro (mg) 9
Calcio (mg) 159,2

Lasaña de champiñones y soja, *pág. 138*

Kcal 467,6
HC (g) 52,4
Proteínas (g) 28,3
Grasas (g) 18,7
Fibra (g) 10,1
Hierro (mg) 5,6
Calcio (mg) 348,4
Calculado con bebida de soja enriquecida en Ca y queso vegano tipo cheddar, por ración si hacemos 4

Medallones de verduras, *pág. 118*

Kcal 272,5
HC (g) 54,5
Proteínas (g) 11,7
Grasas (g) 2,4
Fibra (g) 11,6
Hierro (mg) 4,4
Calcio (mg) 108,3
Calculado con pan rallado y semillas de lino, por 2 medallones si hacemos 8

Empanada de no-atún con tomate, *pág. 122*

Kcal 241,2
HC (g) 85,8
Proteínas (g) 24,5
Grasas (g) 14,1
Fibra (g) 16,8
Hierro (mg) 6,3
Calcio (mg) 136,6
Calculado con salsa de tomate (no tomate frito), por una ración si hacemos 4

Quiche de tomates y soja texturizada, *pág. 126*

Kcal 264,7
HC (g) 40,7
Proteínas (g) 15,6
Grasas (g) 5,8
Fibra (g) 9,8
Hierro (mg) 3,8
Calcio (mg) 71,6

Kao Mun, *pág. 132*

Kcal 452,8
HC (g) 76,5
Proteínas (g) 7,7
Grasas (g) 12,7
Fibra (g) 1,2
Hierro (mg) 5,9
Calcio (mg) 36,1

Risotto con tomates cherry, *pág. 136*

Kcal 384,6
HC (g) 71,6
Proteínas (g) 6,9
Grasas (g) 7,5
Fibra (g) 2,5
Hierro (mg) 3,8
Calcio (mg) 43,3
Calculado sin contar la pastilla de caldo

Pasta a la boloñesa, *pág. 140*

Kcal 469,7
HC (g) 79,2
Proteínas (g) 26,1
Grasas (g) 8,3
Fibra (g) 11,7
Hierro (mg) 6,4
Calcio (mg) 111,8
Calculado con pasta integral y salsa de tomate (no tomate frito)

Pasta con crema de coliflory espárragos trigueros, *pág. 142*

Kcal 324,2
HC (g) 62,2
Proteínas (g) 16,5
Grasas (g) 3,2
Fibra (g) 8,6
Hierro (mg) 4,3
Calcio (mg) 203,4
Calculado con pasta integral y bebida de soja enriquecida en Ca

Pasta e ceci, *pág. 146*

Kcal 382,3
HC (g) 55,6
Proteínas (g) 14,2
Grasas (g) 13,3
Fibra (g) 8,3
Hierro (mg) 5
Calcio (mg) 91,3
Calculado con salsa de tomate y pasta integral

Guiso de seitán esponjoso con champiñones y cebolla caramelizada, *pág. 152*

Kcal 474
HC (g) 52,2
Proteínas (g) 55,4
Grasas (g) 6,7
Fibra (g) 5
Hierro (mg) 1,1
Calcio (mg) 32,1

Garbanzos con espinacas cremosas, *pág. 156*

Kcal 398
HC (g) 40,2
Proteínas (g) 16,9
Grasas (g) 21,6
Fibra (g) 11,5
Hierro (mg) 4,2
Calcio (mg) 326,3
Calculado con bebida de soja enriquecida en Ca

Seitán Stroganoff, *pág. 160*

Kcal 416,1
HC (g) 60,1
Proteínas (g) 32,3
Grasas (g) 7,6
Fibra (g) 5,7
Hierro (mg) 2,6
Calcio (mg) 59,5
Calculado con pasta integral

Kare raisu, *pág. 164*

Kcal 497,4
HC (g) 69,5
Proteínas (g) 25,7
Grasas (g) 15,1
Fibra (g) 5
Hierro (mg) 7,4
Calcio (mg) 342,7
Calculado con tofu cuajado con sales de calcio

Pasta con salsa fresca de tomates marinados, *pág. 144*

Kcal 356
HC (g) 63,5
Proteínas (g) 13,2
Grasas (g) 8,4
Fibra (g) 7,5
Hierro (mg) 3,9
Calcio (mg) 59,6
Calculado con pasta integral

Seitán esponjoso, *pág. 150*

Kcal 191,3
HC (g) 13,9
Proteínas (g) 32,5
Grasas (g) 1,1
Fibra (g) 1,9
Hierro (mg) 2,6
Calcio (mg) 61,8
Calculado por ración, haciendo 6

Fabada con verduras, *pág. 154*

Kcal 368
HC (g) 60,7
Proteínas (g) 17,4
Grasas (g) 7,7
Fibra (g) 12,4
Hierro (mg) 6,1
Calcio (mg) 161,5

Lentejas al curry, *pág. 158*

Kcal 365,9
HC (g) 40,5
Proteínas (g) 14,1
Grasas (g) 18,4
Fibra (g) 7
Hierro (mg) 5,1
Calcio (mg) 54,7
Calculado con calabaza y leche de coco, sin el arroz

Albóndigas de quinoa en salsa de verduras al vino tinto, *pág. 162*

Kcal 325,4
HC (g) 50,1
Proteínas (g) 12,1
Grasas (g) 9,8
Fibra (g) 6,3
Hierro (mg) 2,9
Calcio (mg) 80,3

Maafe de verduras, *pág. 166*

Kcal 347,2
HC (g) 51,8
Proteínas (g) 9,2
Grasas (g) 13,8
Fibra (g) 11,4
Hierro (mg) 2,3
Calcio (mg) 79,6

Alcachofas tikka masala, *pág. 168*

Kcal 255,4
HC (g) 27,8
Proteínas (g) 10,1
Grasas (g) 13,7
Fibra (g) 11,9
Hierro (mg) 2,8
Calcio (mg) 98

Brócoli y soja teriyaki, *pág. 172*

Kcal 283,8
HC (g) 27,5
Proteínas (g) 21,6
Grasas (g) 10,9
Fibra (g) 8,2
Hierro (mg) 4,6
Calcio (mg) 147,4

Fatteh de garbanzos con koftas de espinacas, *pág. 176*

Kcal 675,3
HC (g) 51,2
Proteínas (g) 16,3
Grasas (g) 44,7
Fibra (g) 8,6
Hierro (mg) 5,4
Calcio (mg) 208,2
Calculada la fritura con aceite de oliva y usando pan de pita integral

Empanaditas de melocotón y arándanos, *pág. 182*

Kcal 319,3
HC (g) 54,4
Proteínas (g) 7
Grasas (g) 9,4
Fibra (g) 4,9
Hierro (mg) 3,1
Calcio (mg) 16,3
Calculado con masa brisa de supermercado sin ingredientes de origen animal, por 4 unidades si hacemos 20

Petit suisse de fresa, *pág. 186*

Kcal 89
HC (g) 5,4
Proteínas (g) 1,6
Grasas (g) 7,3
Fibra (g) 0,8
Hierro (mg) 0,8
Calcio (mg) 47,3
Calculado con crema de coco, por unidad si hacemos 6

Soletillas de limón, *pág. 190*

Kcal 138,7
HC (g) 20,7
Proteínas (g) 1,9
Grasas (g) 5,3
Fibra (g) 0,5
Hierro (mg) 0,3
Calcio (mg) 19,2
Calculado por 2 soletillas aprox.

Berenjenas y shiitake en salsa de ajo, *pág. 170*

Kcal 240
HC (g) 37,1
Proteínas (g) 5,4
Grasas (g) 10,1
Fibra (g) 9,5
Hierro (mg) 1,6
Calcio (mg) 78,7

Tofu agridulce, *pág. 174*

Kcal 340,6
HC (g) 37,3
Proteínas (g) 22,4
Grasas (g) 13,2
Fibra (g) 5
Hierro (mg) 4
Calcio (mg) 881,4
Calculado con tofu cuajado con sales de calcio

Tortitas de trigo y arroz, *pág. 180*

Kcal 195
HC (g) 33,5
Proteínas (g) 3,5
Grasas (g) 4,9
Fibra (g) 1
Hierro (mg) 0,4
Calcio (mg) 41,4
Calculado con aceite de oliva y bebida de soja enriquecida en Ca, por 2 tortitas si hacemos 10

Galletas de chocolate con nueces, *pág. 184*

Kcal 449,7
HC (g) 46,4
Proteínas (g) 7,9
Grasas (g) 28
Fibra (g) 6,8
Hierro (mg) 4,2
Calcio (mg) 66,1
Calculado con bebida de soja enriquecida en Ca y cacao, por 4 galletas si hacemos 30

Semifreddo de albaricoque, *pág. 188*

Kcal 87,6
HC (g) 11,5
Proteínas (g) 2,7
Grasas (g) 4
Fibra (g) 1,6
Hierro (mg) 0,6
Calcio (mg) 42,9
Calculado con tapioca y nata vegetal con un 10 % de azúcar, por ración si hacemos 10

Tiramisú de fresa, *pág. 192*

Kcal 175
HC (g) 20,6
Proteínas (g) 7,1
Grasas (g) 7,5
Fibra (g) 1,1
Hierro (mg) 0,7
Calcio (mg) 140,7
Calculada con nata de soja con 15% de azúcar y bebida de soja, por una ración si hacemos 10

Magdalenas de vainilla con chips de chocolate, *pág. 194*

Kcal 357,8
HC (g) 50,1
Proteínas (g) 6
Grasas (g) 14,7
Fibra (g) 3
Hierro (mg) 2,7
Calcio (mg) 127,9
Calculado con bebida de soja enriquecida en Ca, por 2 magdalenas

Bizcocho de chocolate con avellanas, *pág. 198*

Kcal 333,5
HC (g) 35,8
Proteínas (g) 6,7
Grasas (g) 19
Fibra (g) 3,6
Hierro (mg) 2,4
Calcio (mg) 71,7
Calculado con bebida de soja enriquecida en Ca y sirope de agave

Tarta de moras con frangipan, *pág. 196*

Kcal 362,2
HC (g) 42,1
Proteínas (g) 10
Grasas (g) 18,3
Fibra (g) 5
Hierro (mg) 2,8
Calcio (mg) 181,5
Calculado con masa brisa de supermercado sin ingredientes de origen animal y bebida de soja enriquecida en Ca, por una ración si hacemos 8